PRÉFACE

Quand j'étais adolescent, je tenais Saint-Exupéry comme l'un de mes maîtres à penser. Il le fut de la plupart de ceux qui eurent vingt ans avant, pendant, après la Seconde Guerre mondiale. Sa mort m'a frappé comme si j'avais eu le bonheur de figurer parmi ses amis intimes. Je n'étais que l'un de ses innombrables lecteurs.

Que je me sois attaché aux premières annonces qui ont accompagné la recherche de son avion disparu en Méditerranée n'offre rien que de logique. Assez vite, je l'avoue, je m'y suis perdu. En lisant le livre inspiré à Jacques Pradel par les recherches de Luc Vanrell, j'ai, au-delà de ce que je pouvais espérer, rattrapé mon retard.

J'ai toujours aimé les énigmes, surtout celles qui n'étaient pas résolues. Cette fois, je sors ébloui par cette course épique qui, incontestablement, a conduit à la vérité.

Le lundi 31 juillet 1944, à 8 h 45, sur l'aérodrome de Bastia-Borgo, le commandant Antoine de Saint-Exupéry décolle à bord du Lightning P-38 F-5B n° 223 pour une mission cartographique et photographique à haute altitude dans la région de Grenoble-Annecy. Il est seul à bord. Son retour est prévu entre 12 h 35 et 13 heures. Sans nouvelles de lui à 14 h 30, on le déclare disparu en mission.

Saint-Exupéry a-t-il été abattu par la chasse allemande ?

Fut-il victime d'une panne de ses moteurs ou de ses instruments de navigation ?

S'est-il donné la mort ?

Il a fallu près de cinquante ans de recherches approfondies pour tenter de retrouver l'épave du P-38. Longtemps, on a cru que l'avion gisait quelque part dans la baie des Anges, entre la Corse et le continent. En 1998, un pêcheur marseillais remonte dans ses filets un objet étrange, concrétionné, dont un élément brille sous le soleil : Jean-Claude Bianco vient de trouver involontairement une gourmette appartenant au grand homme disparu.

Plus tard, un scaphandrier professionnel, Luc Vanrell, identifie formellement, par grand fond, l'épave de l'avion de Saint-Ex, à quelques centaines de mètres de l'île de Riou, dans la région des calanques[1].

Le livre de Jacques Pradel et Luc Vanrell – véritable thriller politique – nous jette au plein de l'enquête poursuivie obstinément par une petite équipe de passionnés. Elle passe par la région de Bastia où Saint-Exupéry a passé ses dernières heures, se poursuit sur la trace de pilotes – allemands et américains – survivants, explore une île inhabitée où, dans le plus grand secret, a été inhumée la dépouille d'un aviateur et nous fait pénétrer dans une famille princière allemande.

Le résultat se révèle sans appel. Saint-Exupéry n'a connu ni accident ni panne. Il ne s'est pas perdu. Il ne s'est pas suicidé. Il est mort pour la France au cours de son ultime combat. Le pilote allemand qui l'a abattu est vivant. Il dépose dans ce livre.

Alain Decaux
de l'Académie française

---

1. Les vestiges de l'avion se trouvent actuellement au musée de l'Air et de l'Espace du Bourget.

SAINT-EXUPÉRY, L'ULTIME SECRET

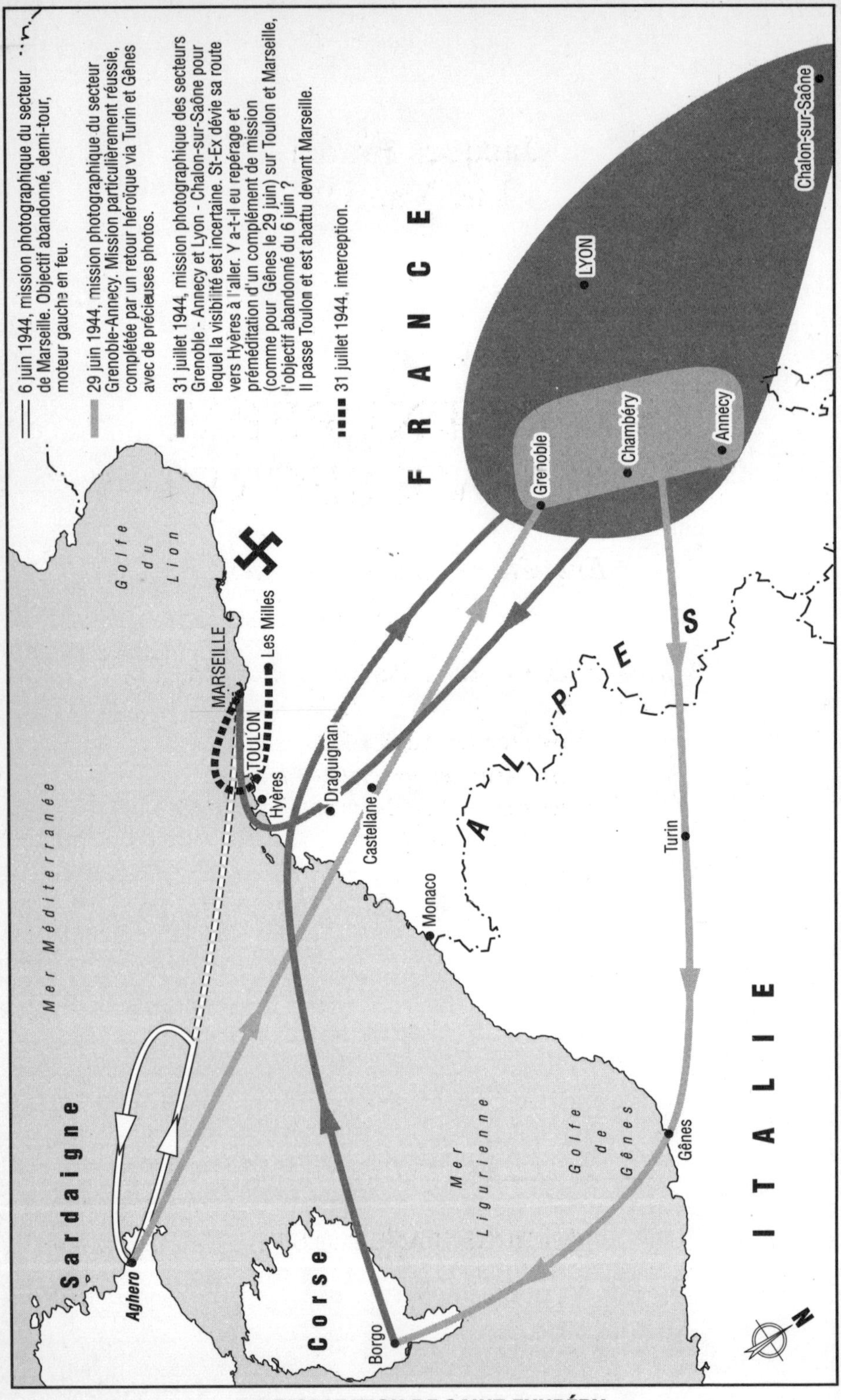

LA DISPARITION DE SAINT-EXUPÉRY

Jacques Pradel
Luc Vanrell

SAINT-EXUPÉRY, L'ULTIME SECRET

Enquête sur une disparition

Préface d'Alain Decaux, de l'Académie française

Postface de Xavier Delestre,
Conservateur général du patrimoine,
Conservateur régional de l'archéologie en PACA

ÉDITIONS FRANCE LOISIRS

Édition du Club France Loisirs,
avec l'autorisation des Éditions du Rocher.

Éditions France Loisirs,
123, boulevard de Grenelle, Paris.
www.franceloisirs.com

ISBN : 978-2-298-01826-4

1

« Il y a certainement plus de plaisir à poursuivre la vérité qu'à la connaître », disait avec une souriante sagesse Antoine de Saint-Exupéry... Il disait encore : « Voyez-vous, dans la vie, il n'y a pas de solutions. Il y a des forces en marche : il faut les créer, et les solutions les suivent... » Ces mots résonnent dans ma tête lorsque je songe à l'aventure que nous avons vécue, à la recherche de cette ombre immense.

Tout commence pour moi un matin du printemps 2004. Le 7 avril, exactement. Le DRASSM (Département des recherches archéologiques subaquatiques et sous-marines) publie un communiqué annonçant qu'une pièce de Lightning P-38 repêchée à l'est de l'île de Riou vient d'être identifiée comme appartenant à l'avion de Saint-Exupéry. L'avis est court, mais la nouvelle énorme, mettant un terme définitif aux campagnes entreprises depuis des années pour localiser le lieu où a disparu le doyen des pilotes alliés de la Seconde Guerre mondiale.

Dès le lendemain, je reçois dans mon émission matinale d'Europe 1 [1] Luc Vanrell, plongeur scaphandrier professionnel, directeur de la société Immadras, spécialisée dans les interventions en milieux sous-marins et extrêmes. C'est lui qui est à l'origine de cette découverte, laquelle n'est pas si

1. Magazine quotidien diffusé de 9 heures à 10 h 30.

récente qu'on pourrait le penser. Elle date en vérité de mai 2000, mais Luc Vanrell ne s'est pas manifesté, d'abord parce qu'il ne savait pas à quoi il avait affaire, ensuite, après avoir compris, parce qu'il a joué la prudence... Ce n'est que lorsqu'il a été sûr de son fait qu'il a alerté les autorités. Le repêchage a lieu courant 2003. Luc Vanrell a identifié divers morceaux d'épave gisant entre 40 et 87 m de fond comme appartenant à la machine pilotée par Saint-Exupéry. Déduction toute personnelle, fondée sur des recoupements d'archives. Mais encore quelques mois, et l'annonce du DRASSM, preuves à l'appui, vient enfin authentifier le miracle...

Ce matin-là, je lui demande de raconter dans quelles circonstances il a trouvé l'épave, de nous expliquer pourquoi, trois ans avant qu'on ne procède à ces analyses, il a eu la certitude d'avoir trouvé l'avion de Saint-Ex. Le second invité est Jean-Claude Bianco, ancien patron pêcheur de Marseille, qui, en septembre 1998, a remonté dans les filets de son chalutier *L'Horizon* la fameuse gourmette en argent gravée au nom de l'écrivain. Tout le monde s'en souvient, tant elle a défrayé la chronique.

Par téléphone, depuis la région marseillaise, j'ai également réuni Henri-Germain Delauze, le président de la Comex [1], et Pierre Becker, PDG de Géocéan – grosse entreprise de travaux sous-marins –, qui ont joué un rôle important dans cette affaire. Delauze a utilisé son bateau amiral, le *Minibex*, pour remonter les plus gros débris de l'épave. Becker a conservé et nettoyé les pièces aux fins d'analyse. Mon dernier invité est Philippe Castellano, président de l'association Aéro-Re.L.I.C [2], pour faire le point sur les investigations techniques et historiques.

1. Comex est l'abréviation de Compagnie maritime d'expertises.
2. Re.L.I.C pour Recherche, Localisation et Identification de Crashes.

À l'issue de l'émission, à l'instant de nous dire au revoir, Luc Vanrell me prend à part pour me livrer une confidence. Lors d'une ancienne plongée sur le site de Riou, il a fait une découverte qui pourrait, à terme, constituer un véritable scoop. Et ces quelques mots vont me plonger – c'est le cas de le dire – au cœur de l'enquête la plus captivante de ma vie de journaliste...

Voici ce qu'il me dit : le jour de 2003 où les premiers morceaux de l'épave ont été remontés à la surface pour étude et identification définitives, il redescend sur le site pour équiper de « parachutes [1] » les débris les plus significatifs. Un détail, que seul un professionnel de la plongée peut remarquer, lui apparaît alors. Il n'en parle à personne. Le lendemain, il effectue une nouvelle plongée en solitaire pour en avoir le cœur net. Ce qu'il découvre ce jour-là peut constituer la véritable clé du mystère de la disparition de Saint-Exupéry. Ce que me dit Luc Vanrell, je l'enregistre en lui promettant la plus grande discrétion, et m'embusque désormais en observateur. Cette trouvaille capitale entraînera un petit groupe international de spécialistes réunis autour de Vanrell à poursuivre l'enquête. Elle a duré trois ans, et nous permet aujourd'hui d'expliquer enfin l'enchaînement des événements du 31 juillet 1944 qui ont abouti à la disparition du grand pilote.

Depuis la fin de la Seconde Guerre mondiale, on avait cherché l'épave de son avion un peu partout dans le sud-est de la France, dans les Alpes, dans les gorges du Verdon, et surtout en Méditerranée, dans la baie des Anges, au large de Nice et de Saint-Raphaël.

1. Une des techniques utilisées pour remonter des objets lourds à la surface de la mer consiste à gonfler d'air comprimé une sorte de ballon appelé « parachute », relié à l'épave par un solide filin.

À plusieurs reprises, des épaves retrouvées dans cette dernière zone, puis dans la région de La Ciotat, avaient été présentées, à grand fracas médiatique, comme le Lightning F-5B n° 223 avec lequel Saint-Exupéry était parti de la base alliée de Bastia-Borgo, en Corse, pour sa dernière mission. Mais, à chaque fois, il avait fallu se rendre à l'évidence, ce n'était pas le « bon » avion ! Les spécialistes avaient dû constater que l'épave « candidate » était soit d'un modèle plus ancien, soit tout simplement déjà répertoriée dans les archives de l'armée américaine qui racontaient les circonstances du crash et donnaient le nom du pilote qui était aux commandes de l'appareil, ainsi que la date de l'événement.

Mais avant de raconter les spectaculaires conclusions de cette aventure, remontons le temps.

À l'époque où Saint-Exupéry était vivant.

2

Il n'est pas question de s'appesantir sur la biographie de l'auteur du *Petit Prince*, mais de donner quelques repères chronologiques pour appréhender le personnage et en arriver au plus vite à la période qui nous intéresse, celle de la guerre.

Antoine naît le dimanche 29 juin 1900 à Lyon. Issu d'une famille de vieille noblesse limousine, il est le troisième enfant, après Marie-Madeleine (1898) et Simone (1899), du comte Jean-Marie de Saint-Exupéry et de Marie Boyer de Fonscolombe. Après lui viendront François (1902) et Gabrielle (1904). Antoine n'a pas encore quatre ans lorsque son père meurt d'une congestion cérébrale. Marie de Saint-Exupéry doit déménager. La grand-tante maternelle, Gabrielle de Tricaud, accueille la famille dans son château de Saint-Maurice-de-Rémens, près d'Ambérieu, dans l'Ain. C'est ainsi que la prime jeunesse d'Antoine se partagera entre Saint-Maurice et le château de la Môle, propriété de la grand-mère de Fonscolombe.

1909, changement de décor, la famille s'installe au Mans d'où est originaire la famille du père. Antoine entre au collège Notre-Dame-de-Sainte-Croix chez les jésuites : élève irrégulier, désordonné, rêveur et épris de poésie. 1910, Marie de Saint-Exupéry a du mal à s'adapter à sa belle famille, elle retourne à Saint-Maurice-de-Rémens, laissant Antoine et François aux soins de leurs tantes Anaïs et Marguerite.

À Sainte-Croix, la discipline est stricte et Antoine est régulièrement puni pour ses taches d'encre sur les doigts, sa nonchalance, son côté tête en l'air – déjà ! –, son manque d'application aux études et le désordre de son pupitre. Dans une lettre à sa mère, il évoque cette douloureuse époque :

« Je revenais avec mon gros cartable sur le dos en sanglotant d'avoir été puni – vous vous rappelez, au Mans ? – et, rien qu'en m'embrassant, vous faisiez tout oublier. Vous étiez un appui tout-puissant contre les surveillants et les pères préfets. »

La mère d'Antoine supporte difficilement son veuvage. D'une sensibilité à fleur de peau, elle tisse avec son fils des liens privilégiés, lui donnant le meilleur d'elle-même, un humanisme fait d'honnêteté, de respect d'autrui, sans exclusion sociale. Les plus beaux moments de sa vie, dira-t-il plus tard, auront été vécus près d'elle. Il ne se plaît guère à Sainte-Croix où il est pensionnaire. Ses camarades, qui le surnomment Tatane (déformation de Toitoine), collaborent au journal de classe créé à son initiative, qui sera ensuite interdit par les Pères.

Été 1912, vacances à Ambérieu !

Tout près de Saint-Maurice-de-Rémens, Antoine se rend à vélo à l'aérodrome. Il reste des heures à rêver devant les avions, mais aussi à harceler de questions les mécaniciens sur le fonctionnement des moteurs. Fin juillet, enfin : son baptême de l'air, souvenir impérissable qu'il a retracé dans un poème :

« [...] Les ailes frémissaient sous le souffle du soir,
Le moteur de son chant berçait l'âme endormie,
Le soleil nous frôlait de sa couleur pâlie [...] »

C'est également cette année-là qu'il s'initie au violon.

Été 1914 : la guerre. L'oncle paternel d'Antoine est tué dès le mois d'août. À la rentrée scolaire de 1915, Marie, qui vient de créer une infirmerie à Ambérieu, soucieuse de protéger ses fils, les inscrit chez les frères maristes de la Villa Saint-Jean à Fribourg, en Suisse. En rapport étroit avec le collège Stanislas de Paris, ce collège a développé une méthode d'éducation moderne qui leur permet d'exercer leur créativité.

1917, Antoine passe son baccalauréat avec succès, mais au cours de l'été, un drame anéantira ces moments de bonheur. Souffrant le martyre à cause de maux articulaires, François, le frère cadet, le compagnon de jeux, meurt. C'est tout un pan de la vie d'Antoine qui s'écroule. En un instant, il passe de l'adolescence à l'âge adulte. Dix ans plus tard, la tuberculose emportera sa sœur Marie-Madeleine.

Bac en poche, malgré son rêve d'une carrière dans l'aviation, le jeune homme opte pour la Marine afin de rassurer sa mère. Il échoue par deux fois au concours d'entrée à l'École navale. Suite à cette déconvenue, il s'inscrit aux Beaux-Arts, en architecture, comme auditeur libre. Mais ce ne peut-être que temporaire, le temps d'oublier. Le 2 avril 1921, il est appelé sous les drapeaux et affecté au 2e régiment d'aviation de chasse de Neuhof, près de Strasbourg. Malgré ses faibles ressources, il apprend à piloter auprès d'une société civile qui partage le terrain avec l'armée ; un jour, à bord de son avion, il effectue des évolutions spectaculaires au-dessus des toits du casernement. Sanction immédiate : huit jours d'arrêts ; les autorités militaires, assez débonnaires, l'autoriseront malgré tout à poursuivre son entraînement.

Quittant l'Alsace pour le Maroc, il se retrouve au 37e régiment d'aviation fin 1921 où il obtient son brevet militaire de pilote. Après un complément de formation, il est de retour en France, nommé sous-lieutenant de réserve en octobre 1922, affecté au 34e, au Bourget.

1923, il annonce ses fiançailles avec la charmante Louise de Vilmorin qu'il a connue en 1918, à l'époque où il préparait Navale. Printemps 1923, au Bourget, suite à un problème mécanique, il est victime d'un grave accident : il s'écrase. On l'extrait inanimé de son appareil avec plusieurs fractures du crâne. Ce qui ne l'empêchera pas, le 3 mai, de se voir infliger quinze jours d'arrêt simple pour avoir pris l'avion – un Hanriot HD-14 – sans autorisation.

Démobilisé, Saint-Exupéry pourrait s'engager dans l'armée de l'air, mais la famille de sa fiancée s'y oppose. Il se rabat sur un emploi de bureaucrate : contrôleur de fabrication au Comptoir de Tuilerie, filiale de la Société générale d'entreprise. Médiocre destin... Septembre, Louise de Vilmorin rompt les fiançailles... Octobre, Gabrielle, la jeune sœur d'Antoine, épouse Pierre Giraud d'Agay, c'est un nom qu'il faut retenir. Il reviendra dans notre récit. Les enfants et petits-enfants d'Agay sont aujourd'hui les héritiers de Saint-Ex...

1924. Antoine est représentant des camions Saurer, pour l'Allier et la Creuse. Il se console en volant aussi souvent que possible, et en s'essayant à l'écriture. En 1926, il publie, grâce à des amis, une nouvelle : *L'Aviateur*. La même année, il passe son brevet de pilote de transport public. Grâce à l'abbé Sudour (l'un de ses professeurs du collège Bossuet, quand il préparait Navale), il est engagé le 14 octobre 1926 par le marquis Beppo de Massimi, administrateur des lignes Latécoère.

Après le passage obligé par l'atelier, Didier Daurat, directeur de l'exploitation des lignes de la compagnie Latécoère (la future Aéropostale), lui confie un Breguet 14 sur la ligne Toulouse-Casablanca, ensuite Casablanca-Dakar.

En 1927, Saint-Exupéry est nommé chef d'escale à Cap Juby, au Maroc, avec pour mission d'améliorer les relations de la compagnie avec les tribus maures, comme avec les

Espagnols. Il va y découvrir la brûlante solitude du désert, notamment lors de sa rencontre avec une communauté de moines : « Le vent, le sable et les étoiles. La vie austère des trappistes. Mais sur cette nappe mal éclairée, six ou sept hommes, qui ne possédaient rien au monde hormis leurs souvenirs, partageaient une invisible richesse. »

Durant dix-huit mois, il mène à bien sa mission, vient en aide à des aviateurs tombés en panne. De cette aventure africaine surgira son premier livre *Courrier Sud*. C'est là qu'il a rencontré ses grands compagnons de vol : Jean Mermoz et Henri Guillaumet.

En octobre 1929, il les rejoint en Amérique du Sud pour contribuer au développement de l'Aéropostale jusqu'en Patagonie. Nommé chef pilote de l'Aeroposta Argentina, il écrit *Courrier Sud.*

1931, il rentre à Paris et épouse, à la mairie de Nice puis religieusement à Agay, Consuelo Suncin Sandoval de Gómez (disparue en 1979), écrivain et artiste salvadorienne dont il a fait la connaissance l'année précédente en Amérique du Sud. Il publie son deuxième livre, *Vol de nuit*, prix Femina en décembre...

À partir de 1932, alors que l'Aéropostale, minée par la politique et par des manœuvres financières frauduleuses, est mise en liquidation judiciaire, il subsiste difficilement à Paris, se consacrant à l'écriture et au journalisme. En 1933, il parvient enfin à se faire embaucher comme pilote d'essai chez Latécoère. Un jour, durant l'essai d'un hydravion Laté 29/3, une aile se détache et s'abîme en mer. Alors qu'il prévoyait une excursion au-dessus d'Angkor, il est contraint à un amerrissage forcé à l'embouchure du Mékong. Il échappe de peu à la noyade.

1935. Tour de la Méditerranée pour des conférences. Escales à Casablanca, Alger, Tunis, Tripoli, Benghazi, Le Caire,

Alexandrie, Damas, Beyrouth, Istanbul, Athènes... Reporter pour *Paris-Soir*, il voyage en Indochine et à Moscou. Raid Paris-Saigon en décembre. Vol fatal! Départ de Benghazi le dimanche 29 à 23 heures. Quatre heures plus tard, son Caudron Simoun percute, à 260 km/h, le haut d'un plateau, dans le désert de Libye. Perdu dans les sables. De retour à Paris en janvier 1936, il en publiera le récit : *Atterrissage forcé dans le désert.*

Août 1936, il part pour l'Espagne. Reportage sur le front de Lérida... 1937, voyage en Allemagne. 1938, il essaie de relier New York à la Terre de Feu. Nouvel accident au Guatemala : à cause d'une surcharge de réserve de carburant, son avion s'écrase en bout de piste. Grièvement blessé, Saint-Exupéry reste cinq jours dans le coma.

De toutes ces expériences, il accumulera une importante somme de souvenirs, d'émotions qui nourriront sa réflexion sur la condition humaine. Cela aboutira à *Terre des hommes*, publié en 1939. Écrit dans une langue magnifique, ce roman est couronné par le grand prix ce l'Académie française. On y trouve la célèbre phrase: « Ce que j'ai fait, je le jure, jamais aucune bête ne l'aurait fait. »

Promu officier de la Légion d'honneur (il est chevalier depuis 1930), Saint-Exupéry atteint à la gloire internationale avec la version anglaise de son livre, *Wind, Sand and Stars,* publié avec un vif succès aux États-Unis.

3 septembre, la France entre en guerre avec l'Allemagne. Saint-Exupéry rejoint la base de Toulouse-Montaudran avec le grade de capitaine. Il veut reprendre du service mais le corps médical le déclare inapte au combat à cause de son âge et de ses blessures. Le général Davet témoigne :

« Saint-Exupéry vint me voir au Centre d'instruction de bombardement que je commandais... Il était accablé. Un concile de médecins avait ausculté, palpé, soumis à des acrobaties en chambre saugrenues, ce virtuose, ce maître du ciel, riche de milliers d'heures de vol, et l'avait déclaré inapte. Il était désespéré. Je le consolai, cachant pourtant une inquiétude réelle... »

Davet intervient en haut lieu :

« Cette défense du grand pilote fut vraiment pénible... Je rappelai à Paris que ce qui compte, en aviation, ce n'est pas le cœur physique, mais le cœur tout court et qu'il était absurde d'exiger d'un aviateur le canon du chasseur alpin. Je rappelai Guynemer, cette flamme, le borgne Willy Post, qui venait de faire le tour de la terre en un temps inouï, le professeur Picard, monté le premier dans la stratosphère et à qui les sommités médicales de Paris, de Berlin ou de Londres avaient interdit "même la Tour Eiffel", parce qu'il ne satisfaisait pas à telle formule où le tour de poitrine se trouvait divisé par la hauteur du corps, et multiplié par une constante arbitraire.

« Enfin, en dépit d'une bureaucratie médicale qui eût mis en joie Molière, Saint-Exupéry fut maintenu navigant. Mais il voulait le "Front", se battre autrement qu'avec des règlements, fuir la mesquinerie des paperassiers de l'arrière. Par chance, et aussi grâce à son grand nom de pilote de ligne que, tout de même, le Commandement de l'Air de Paris connaissait, on lui accorda cette grâce, comme on l'avait accordée à d'autres, qui ne la désiraient pas tous, d'ailleurs, pour tenter le même destin. Il entra à son escadrille de grande reconnaissance comme les jeunes chevaliers d'autrefois entraient en veillée d'armes... »

Saint-Ex intègre le groupe de reconnaissance II/33, le 3 novembre 1939. Escadrille célèbre, créée en décembre 1914 par le capitaine Alfred Bordage, d'où sa hache pour insigne : « La Hache d'A. Bordage ! », spécialisée dans l'observation : reconnaissance en vol rasant, reconnaissances photographiques à haute altitude, reconnaissances de nuit, sur Potez 63-7, Potez 63-11, puis sur Bloch 174. Durant « la drôle de guerre », jusqu'à mai 1940, elle effectue une quarantaine de missions dont six de nuit, passant l'hiver sous la neige, attendant pendant de longs jours le beau temps indispensable à la reconnaissance photographique. Elle paie un lourd tribut : deux tués, trois disparus, deux blessés graves, quatre avions perdus.

10 mai 1940. Blitzkrieg. Les chars de Guderian passent à l'attaque. Les reconnaissances se succèdent, en vol rasant pour repérer la marche des blindés ennemis. Jusqu'au 19 juin, soixante-dix-sept missions dont sept de nuit grâce à un apport de pilotes, observateurs et mitrailleurs. Quatre équipages descendus, deux mitrailleurs tués à leur poste, sept avions gravement endommagés. En revanche, un équipage attaqué par douze chasseurs ennemis parvient à en descendre deux avant de tomber entre les lignes et se sauver miraculeusement. Saint-Exupéry effectue sept missions au-dessus de l'Allemagne, Cologne, Düsseldorf, Duisbourg, et au-dessus du nord de la France, alors que déferlent les panzers de la Wehrmacht. Ce qui lui vaudra la Croix de guerre avec palmes : « Officier pilote réunissant les plus belles qualités intellectuelles et morales, se proposant constamment pour les missions les plus périlleuses... Violemment pris à partie par une défense antiaérienne intense et puissante, n'a interrompu sa mission que lorsque son avion eut été gravement endommagé. Est pour le personnel de l'unité un modèle de devoir et d'esprit de sacrifice. »

20 juin, l'escadrille décolle pour Alger afin de continuer la lutte. La consternation se peint sur tous les visages lorsque la radio annonce la fin de la lutte. La stricte application de la convention d'armistice aurait dû signifier la dissolution de la « Hache », au même titre que toute l'armée de l'air, mais devant la « menace » anglaise sur les territoires d'outre-mer,

il est décidé de maintenir en l'état quelques unités aériennes. Dans la seconde quinzaine de juillet 1940, la « Hache » effectue plusieurs missions de surveillance côtière en vue de déceler les mouvements de la flotte anglaise suite à l'affaire de Mers el-Kébir. Le 26 août, l'escadrille s'installe à El Aouina, près de Tunis. La « Hache » connaît alors une longue période de torpeur. Mettant à profit ses maigres attributions en carburant, elle poursuit l'entraînement de ses équipages. Malgré divers problèmes de fourniture en pièces de rechange, la « Hache » réussit à maintenir en état de vol ses vieux Bloch 174.

Le journal de marche du groupe de reconnaissance fait le point, au moment de la défaite : « Nous comptons nos pertes : onze tués, trois blessés graves et neuf prisonniers. Une citation pour l'escadrille et soixante-six citations pour les équipages. Les restes squelettiques du groupe II/33, auquel nous appartenons, se serrent autour du commandant Alias, qui nous indique la conduite à tenir : s'entraîner... s'entraîner en silence et en cachette pour préparer la belle de cette partie engagée depuis 1914 et dont nous avons perdu la seconde manche. Ce petit noyau de "fuyards", comme certains nous ont nommés, saura devenir un tout bien cohérent et bien entraîné, apte à reprendre la lutte au signal donné pour la délivrance du Pays... Au nez et à la barbe des commissions d'Armistice et sous quelques fallacieux prétextes d'essais d'avions, des vols de reconnaissance à très haute altitude sont faits sur les côtes de Sardaigne et de Sicile, dans le dessein de déceler les éventuels projets d'invasion que les Italiens, avides d'acquérir des colonies à bon compte, pourraient former au sujet de notre Tunisie... »

Démobilisé le 31 juillet, Saint-Exupéry est le 5 août en France, où il retrouve une vie quasi paysanne. Novembre 1940, il décide de faire un aller-retour en Algérie, où le hasard lui fait rencontrer René Chambe.

Atteint par le brutal abaissement des limites d'âge imposé par les Allemands aux officiers de l'aviation française, réduite à presque rien, le colonel Chambe a été renvoyé chez lui avec les étoiles de général. « Tristes étoiles, soupire-t-il, triste grade qui ne peuvent causer aucune joie à celui qui les reçoit. » Il préfère être simple soldat dans une armée victorieuse que général dans une armée battue. Il ne se résigne pas à la défaite. S'il admet que de Gaulle veuille œuvrer de l'extérieur à la victoire, il estime que l'on peut arriver au même but en restant provisoirement sur le sol français, ainsi que dans l'empire. Saint-Exupéry est plus mordant. À la célèbre phrase de l'appel du 18 juin : « La France a perdu une bataille... », il répond : « Dites la vérité, Général, la France a perdu la guerre. Mais ses alliés la gagneront. »

Chambe est venu à Alger « prendre la température ». Comment réagirait l'armée d'Afrique dans l'hypothèse d'un débarquement américain ? Le gouvernement de Vichy s'est engagé à s'opposer par les armes à quiconque chercherait à aborder de vive force l'Afrique du Nord. La France a conservé à cet effet une armée de 115 000 hommes au Maroc, en Algérie et Tunisie.

Hôtel Aletti. 27 novembre 1940, 1 heure du matin. La sonnerie du téléphone retentit.

– Chambe ? C'est Saint-Ex.

– Ça par exemple ! Qui vous a dit que j'étais là ?

– On sait tout au bar de l'Aletti.

– Mais que faites-vous ici ?

– Trop long à raconter. Et vous ? Venez vite chez moi, chambre 229, même étage. Une bouteille de champagne est dans son seau, sur la table. Elle attend. Quelle joie de se revoir !

Saint-Exupéry à Alger ! Appeler ainsi, sans façons, au milieu de la nuit, une bouteille de champagne à la main, c'est bien dans sa manière.

– Entendu, j'arrive.

« J'ai regagné ma chambre à 4 heures du matin, raconte René Chambe. Nous avons parlé durant plus de trois heures. Nous avons les mêmes vues, les mêmes pensées. Nous ressentons la même douleur, la même humiliation de la défaite. Nous ne pouvons l'accepter ! L'Angleterre tient le coup, elle ne transigera jamais. L'Amérique interviendra, c'est sûr, quoi qu'en disent les défaitistes, cette race indécrottable ! La France reprendra les armes. Saint-Exupéry est aussi patriote que moi, aussi chauvin. S'il est à Alger, c'est dans l'intention de passer clandestinement aux États-Unis. Par Tanger et le Portugal, c'est possible. Il ira là-bas, à la fois pour faire publier à New York le livre qu'il vient d'écrire, *Pilote de guerre* – son manuscrit ne le quitte pas, gros cahier noir fermé par un élastique rouge fait d'un morceau de chambre à air de bicyclette –, et savoir ce qu'on pense en Amérique, pousser dans la mesure où il le pourra les Américains à intervenir, remuer l'opinion à l'aide d'articles, de conférences. Il veut se rendre utile, servir ! Il étouffe en France ! »

Les deux hommes décident de voyager ensemble en Algérie, puis au Maroc, où ils sont reçus par le résident général, le général Noguès :

– La population française et la population musulmane sont parfaitement calmes. La défaite n'a pas eu de prise sur elles. C'est un miracle, explique le résident général. Elles sont tout entières derrière moi, c'est-à-dire derrière le Maréchal, derrière la France. Allez partout où vous voudrez dans tout le Maroc. Interrogez les indigènes, les civils, les militaires. Vous avez carte blanche. Il n'y a rien à cacher. Au contraire, c'est réconfortant. L'armée ? Elle est derrière moi, à mes ordres, disciplinée. Moral excellent. Elle ne songe qu'à la revanche.

Au fil des jours – et des garnisons – Chambe et Saint-Ex recueillent les avis des officiers à propos d'un éventuel débarquement américain. Un lieutenant-colonel de spahis, approuvé par les soixante officiers présents, répond :

– L'armée d'Afrique est tout entière pour la revanche. Nous ne savons pas la forme qu'elle prendra et les ordres que nous recevrons. Sans discipline il n'y a plus d'armée, sans elle l'armée tombe en poussière. Nous exécuterons les ordres, tous les ordres, même les plus cruels.

Commentaire de Saint-Exupéry, quand ils se retrouvent seuls :

– Vous avez entendu ? Ça nous promet pour plus tard de belles conneries !

Fin du voyage.

– Allons, Saint-Ex, quand se reverra-t-on ?

– Eh bien ici, parbleu, en Afrique ! Lorsque les Américains débarqueront, je vous jure que je serai avec eux. Je vais tout de suite m'en occuper en arrivant à New York et prendre mon billet de retour. Et vous ?

– Je rentre en France. Mais je reviendrai aussi quand l'heure sonnera. Alors rendez-vous à Alger.

– Rendez-vous à Alger.

Décembre 1940. Saint-Ex part pour Lisbonne, prêt à s'embarquer pour l'Amérique. Selon l'expression de son ami le docteur Henri Comte, à qui il a raconté cet épisode, il se retrouve au milieu de potentats de la banque et de l'industrie, avec leurs automobiles luxueuses, leurs épouses en manteau de fourrure, qui attendent une possibilité d'embarquement pour les États-Unis, tout en regardant avec inquiétude la frontière d'où pourraient surgir les blindés et les avions allemands. Saint-Exupéry se penche sur son passé, il songe à son ami Guillaumet, son vieux compagnon de l'Aéropostale qui a été abattu en Méditerranée. Du palace d'Estoril, où il séjourne, il adresse cette lettre de confidences à un destinataire inconnu :

« Guillaumet est mort, il me semble ce soir que je n'ai plus d'amis. Je ne le plains pas. Je n'ai jamais su plaindre les morts, mais sa disparition, il va me falloir si longtemps pour l'apprendre – et je suis déjà lourd de cet affreux travail. Cela va durer des mois : j'aurais si souvent besoin de lui.

« On vieillit donc si vite ! Je suis le seul qui reste de l'équipe Casa-Dakar. Des anciens jours de la grande époque des Breguet XIX, Collet, Reine, Lassalle, Beauregard, Mermoz, Étienne, Simon, Lécrivain, Wille, Verneilh, Riguelle, Pichodou et Guillaumet, tous ceux qui sont passés par là sont morts, et je n'ai plus personne sur terre avec qui partager des souvenirs. Me voilà vieillard édenté et seul, qui remâche tout cela pour lui-même. Et d'Amérique du Sud, plus un seul, plus un...

« Je n'ai plus un seul camarade au monde à qui dire : "Te rappelles-tu ?"

« Quelle perfection dans le désert. Des huit années les plus chaudes de ma vie, il ne reste plus que Lucas, qui n'était qu'agent administratif, et qui est venu tard à la ligne, et Dubourdieu, avec qui je n'ai jamais vécu, car il n'a jamais quitté Toulouse. Je croyais que ça n'arrivait qu'aux très vieilles gens, d'avoir semé sur leur chemin tous leurs amis, tous. Il y a toute la vie à recommencer. Aidez-moi, je vous en supplie, à voir le paysage. Je suis désemparé d'avoir passé la crête. Dis-moi quoi faire. S'il faut revenir, je reviens... »

Mais, passé ce moment de vague à l'âme, il choisit son destin. Il s'embarque sur un « infâme rafiot » qui mettra dix-huit jours pour atteindre New York : l'exil en Amérique.

3

New York, janvier 1941. Antoine de Saint-Exupéry reçoit en grande pompe le National Book Award pour la version américaine de *Terre des hommes*. La cérémonie a lieu au cours d'un déjeuner de 1 500 couverts à l'hôtel Astor. Au cours de son séjour aux États-Unis seront publiés trois livres : *Pilote de guerre* en 1942, *Lettre à un otage* et *Le Petit Prince* en 1943. L'écrivain Denis de Rougemont, originaire de Suisse romande, qui travaille à La Voix de l'Amérique, se souvient de l'amertume de Saint-Exupéry à cette époque. À 8 h 30 du soir, alors que l'équipe de nuit va s'installer dans les bureaux presque déserts de l'Office of War Information, Rougemont se dit qu'une fois la nuit bien avancée, il ira certainement chez « Tonio », vers 2 heures du matin, pour faire une partie d'échecs et l'écouter parler des malheurs de Sa France. « Il m'explique que le Maréchal sauve la "substance" de la France, en acceptant de composer, car s'il se révoltait ouvertement, les Allemands n'auraient qu'à supprimer les boîtes de graisse, ce qui empêcherait les trains de rouler, et bloquerait le ravitaillement des Français. Quant aux gaullistes, ici, ils ne font pas la guerre contre les nazis, mais contre le liftier français du Waldorf, ou le chef du Ritz qui a refusé d'être de leur faction et qu'ils tiennent donc pour un traître. » Comme beaucoup de ses compatriotes anéantis par la défaite de 1940, Saint-Exupéry veut croire à la valeur protectrice du maréchal

Pétain, considéré au moins au début comme un « bouclier ». Sa pensée évoluera. Lorsqu'il publie *Pilote de guerre*, *Les Lettres françaises*, dans une édition clandestine, saluent l'ouvrage. « Des *Solstices de juin*[1] aux *Décombres*[2], nous avons vu paraître tant de livres de guerre honteux. Les Français ont lu cela le cœur serré. Ils ont pu se demander s'il n'y aurait jamais, sur le désastre de la patrie, que ce surcroît d'insultes. Voici pourtant un livre qu'ils ont pu lire sans rougir. C'est *Pilote de guerre* de Saint-Exupéry. Il a paru en présence même de l'ennemi... Cette guerre y conserve son nom véritable : "Combat de l'Occident contre le nazisme." Elle n'y est aucunement reniée : "Fallait-il que la France, pour s'épargner une défaite, refusât la guerre. Je ne le crois pas." L'exode vu du ciel par un combattant qui risque sa vie à chaque seconde, n'est plus ce jeu de massacre que M. de Montherlant, trivial et farceur, célébra d'en bas, avec un lyrisme que nous n'avons pas gardé d'oublier. Pourtant, ce n'est pas à la pitié, à l'horreur, ni même à la révolte que Saint-Exupéry nous convie. Sa méditation qui se développe à travers les épisodes d'un vol au danger mortel ne nous invite pas à nous repentir et à nous renier, mais à "devenir ce que nous n'étions qu'en parole : égaux, libres et fraternels"... *Pilote de guerre* vient d'être interdit. Il rejoint par un destin naturel cette littérature clandestine par laquelle la France prisonnière déchire un peu de l'absolu du silence. »

Saint-Ex ronge son frein. Pour le distraire de New York, Consuelo trouve une maison de campagne. À Long Island : Bevin House. « C'est immense, se rappelle Denis de Rougemont, sur un promontoire emplumé d'arbres échevelés par les tempêtes, mais doucement entouré de trois côtés par des

1. De Henry de Montherlant (Gallimard, 1941).
2. De Lucien Rebatet (Denoël, 1942).

lagunes sinueuses qui s'avancent dans un paysage de forêts et d'îles tropicales. »

« Je voulais une cabane, et c'est le palais de Versailles ! » a bougonné Tonio en pénétrant le premier soir dans le hall.

Mais depuis, il n'en décolle pas, absorbé par son « conte d'enfants » qu'il illustre lui-même à l'aquarelle. Rougemont observe ce géant chauve, aux yeux ronds d'oiseau des hauts parages, aux doigts précis de mécanicien, qui manie de petits pinceaux puérils, tout en tirant la langue pour ne pas « dépasser ». Rougemont pose pour *Le Petit Prince*, à plat ventre, genoux repliés, jambes relevées. Tonio rit comme un gosse : « Vous direz plus tard : c'est moi ! » Le soir venu, ouvrant un énorme manuscrit, il dit encore : « Je vais vous lire mon œuvre posthume. » Étrange phrase, non ? Ce fatras de papiers fourmillant de reports, d'ajouts, de griffonnages, de pensées éparses, c'est le début de *Citadelle*, l'ouvrage inachevé qui ne paraîtra qu'en 1948. Tard dans la nuit, Rougemont est épuisé. Il tente de se retirer dans sa chambre, mais ce diable de Tonio le poursuit pour discuter le coup avec une rigueur inflexible, en fumant des cigarettes. « Il me donne l'impression d'un cerveau qui ne *peut plus* s'arrêter de penser. »

Dès 1942, Rougemont est frappé par certains de ses propos. Saint-Ex est le premier à lui expliquer les possibilités de la fission atomique, lui parlant d'expériences prévues au Sahara juste avant la guerre. Aux États-Unis, il a rencontré à plusieurs reprises un officier général faisant partie du nombre restreint des initiés au *Manhattan Project*. Il évoque l'éventualité d'une arme atomique comme une simple supposition, tout en continuant à le battre tranquillement aux échecs. Tonio est un nocturne. Des heures de pratique dans ses bases d'aviation en France et en Afrique l'ont rendu redoutable à ce jeu. Et comme, en plus, il est taquin, il s'amuse à chantonner un peu faux, histoire de déconcentrer l'adversaire. « Exprès ? » se demande vertueusement Rougemont qui, troublé, perd coup sur coup. Un soir, il lui rend la pareille en sifflotant sans relâche. Et il gagne.

« Naturellement, avec votre sifflet ! Vous êtes un abominable tricheur ! » râle Saint-Ex.

En Afrique du Nord, pendant ce temps, c'est l'opération *Torch*. Les Alliés débarquent le 8 novembre 1942 au Maroc et en Algérie. Casablanca, 2 h 10 du matin, alerte attaque aérienne. 4 h 35, imminence de débarquement ; rappel des permissionnaires ; ordre d'appareillage des navires de guerre français, en vérité indisponibles. 8 h 04, début des bombardements ; les cargos sont coulés ou détruits ; trois sous-marins qui n'ont pas eu le temps d'appareiller sont mis hors de combat. 9 h 45, les croiseurs lourds américains ouvrent le feu sur les navires de guerre français qui leur résistent.

Oran, Algérie. Débarquement réussi à 0 h 55 sur Arzew. La garnison de défense est surprise dans son sommeil. Trois heures plus tard, deux navires britanniques tentent de pénétrer dans le port, mais sont pris à partie par les canons de la marine de Vichy. Les Anglais sont coulés : 120 morts. Le commandant du port décide de saborder une trentaine de navires pour faire blocus aux envahisseurs.

À Alger et Oran, combats terrestres particulièrement durs. Le dénouement n'interviendra que le 11 novembre, avec le basculement des forces françaises dans le camp allié. Les mouvements de résistance permettent l'entrée des troupes de débarquement qui ont subi des pertes sur les barges, du fait de l'inexpérience des acteurs, par chavirement ou par collision. Bilan : 1 346 tués, 2 000 blessés côté français, 479 tués et 720 blessés côté Alliés.

La II/33, l'escadrille de Saint-Ex, secoue ses ailes pour disputer cette « belle » si longtemps attendue. Basée à Colbert, petite ville d'Algérie voisine de Sétif, elle effectue des reconnaissances sur les côtes tunisiennes pour repérer les points de débarquement allemands et fixer le front. La situation est précaire : le terrain de Colbert, situé à environ 900 m d'altitude, est mal drainé. Dès qu'il pleut, ce n'est plus qu'une flaque de boue pour une quinzaine de jours. Quant aux appareils, ils sont vieux, ils ont enduré la guerre et sont techniquement dépassés – les chasseurs allemands ont une vitesse supérieure d'au moins cent kilomètres ; le calibre de leur armement est plus élevé. L'escadrille perd deux avions dont les moteurs lâchent en plein vol, les équipages s'en tirent heureusement indemnes. « Et nous passons cet hiver pluvieux, impatients de connaître et d'avoir ce nouveau matériel américain qu'on nous a promis et que de temps en temps nous admirons dans le ciel au-dessus de nous », se souvient l'un des pilotes de l'escadrille.

Politiquement, les événements se précipitent : un accord a été signé entre les Alliés et l'amiral Darland, dauphin désigné du maréchal Pétain. Le général Giraud est commandant en chef des forces armées françaises. Après l'assassinat de Darland par Bonnier de La Chapelle, le 24 décembre, une conférence internationale se tient à Anfa, dans les faubourgs de Casablanca, fin janvier 1943, réunissant Roosevelt, Churchill, Giraud et de Gaulle. Les deux généraux français se heurtent : « C'est clair, dit de Gaulle, vous êtes Foch, je suis Clemenceau. » Mais en février 1943, soutenu par les Américains, Giraud prend le pas sur son rival en se maintenant au poste de commandant en chef. Saint-Exupéry, quant à lui, supporte mal de n'être pas au combat. Il a une vie sentimentale agitée – entre cynisme et remords, aventures personnelles et écriture.

Dans sa vie de couple, il est tyrannique. André Maurois a témoigné de certaines soirées à Bevin House. Antoine a l'habitude de réveiller régulièrement sa femme plusieurs fois par nuit, tantôt pour qu'elle lui prépare un plat, tantôt pour jouer aux échecs avec elle. « Consuelo, Consuelo ! crie-t-il alors dans les couloirs, des œufs, des œufs ! » Il réveille en plein sommeil son ami Maurois et l'oblige à des promenades nocturnes dans le parc pour parler de la guerre, ou bien encore du *Petit Prince*. Mais tout en aspirant à sa propre vie intérieure – il évoque aussi Solesmes –, il a besoin d'aventure. Il s'éclipse de plus en plus souvent, se rend chez la jeune Sylvia Hamilton, pour la quitter tard dans la nuit et rentrer chez lui, dans son appartement de New York, écrire encore et encore – ou bien aller boire dans un club. Et puis il a d'autres maîtresses ou amantes ou amies. Il s'y perd parfois lui-même, n'hésitant pas à leur écrire à toutes, le même jour et avec le même lyrisme... Il y a Sylvia Hamilton, mais aussi Natalie Paley [1], comédienne de second rôle et néanmoins princesse Romanov, exilée filiforme et désenchantée dont la carrière de mannequin et d'actrice éphémère de cinéma sombre dans la folie et l'opium. Son visage triangulaire de vierge slave fascine Saint-Exupéry, éperdu d'elle : « Moi j'ai besoin d'un creux contre l'épaule où je puisse enfoncer mon front. Moi j'ai besoin de seins où boire l'amour. »

Natalie ressemble à Marlène Dietrich, aussi raffinée, blonde, évanescente, que Consuelo est brune et vive. Les femmes sont pour Tonio non pas un repos du guerrier, mais une façon de retrouver l'harmonie, ou l'ordre perdu du monde. Pour la « *morena* », Consuelo, il éprouve toujours

1. Cf. Alain Vircondelet, *La Véritable Histoire du Petit Prince*, Flammarion, 2008. Alain Vircondelet est le seul chercheur à avoir accès aux archives inédites de la succession Consuelo de Saint-Exupéry.

un sentiment fait d'admiration, mais aussi d'exaspération. Amour tragique et ambigu, mêlé d'une certaine lassitude. Il ne parvient pas à se détacher d'elle et vit ce dilemme de façon quasi mystique. Elle a compris qu'Antoine commençait à lui échapper. Son caractère a changé. Il est taciturne, coléreux, mélancolique : « Tu vivais avec une brume sur toi », se souvient-elle dans ses mémoires.

Leur histoire, puissante et fragile à la fois, connaît des pics de violence et de passion. Ils se disputent plus que jamais, songent à divorcer, Rougemont en témoigne, et les lettres que Saint-Exupéry adresse à Consuelo ne laissent aucun doute quant à la tension qui envahit leur couple. C'est toujours la même rhétorique où alternent idéal conjugal, amour unique et passionné, et impossibilité de vivre ensemble[1]. Antoine reproche à Consuelo son désordre et ses prétendues infidélités, et Consuelo déplore sa goujaterie et ses coquetteries envers les séductrices qui l'entourent. Emporté par son désir d'unité et d'harmonie, Tonio est prêt à rompre les amarres, à risquer son existence. « Je voyais que tu n'étais pas du tout heureux, raconte Consuelo. Tu ne le serais, je le savais bien, que lorsque tu aurais obtenu ton autorisation de rejoindre ton escadrille, le groupe II/33, pour aller te battre, pour qu'on te tire dessus. »

Le 15 mars 1943, ça y est ! Il a obtenu l'assurance de se faire engager dans une unité combattante en Afrique du Nord, grâce à l'appui du général américain Doolittle. Trop vieux pour piloter un Lightning, il a persuadé le général, et les autorités américaines se sont inclinées devant le prestige de l'écrivain français le plus célèbre aux États-Unis. Le 1er avril, Consuelo appelle Rougemont pour lui dire que Tonio sera chez lui, dans son appartement new-yorkais de Beekman

1. Alain Vircondelet, *op. cit.*

Place, à l'heure du déjeuner, et qu'il pourra venir lui dire au revoir, en compagnie de leur ami commun, le journaliste Pierre Lazareff. « Au moment où nous entrons dans la bibliothèque de velours vert du premier étage, se souvient Rougemont, nous voyons Saint-Ex en uniforme de capitaine aviateur – grande casquette et galons dorés – assis devant la baie vitrée qui donne sur l'East River, et posant pour les photographes de *Life*. Dès l'entrée, je m'entends dire : "C'est merveilleux ! Vous ressemblez déjà à vos photos !" Il me regarde sans trop d'amitié. Sur quoi Pierre Lazareff : "Mais voyons, Tonio ! C'est très drôle ce que dit Denis !" En fait, ce n'est pas drôle du tout. Plutôt tragique. Il l'a senti. »

L'un de ces clichés paraîtra dans le *New York Times* le 10 août 1944 pour annoncer sa disparition en mission.

Quelques jours avant son départ, Antoine a laissé une lettre à sa femme : « Voyez-vous, Consuelo, j'ai 42 ans. J'ai subi des tas d'accidents. Je ne puis même pas me jeter en parachute. J'ai deux jours sur trois le foie bloqué, un jour sur deux le mal de mer. Une oreille qui, à la suite d'une fracture au Guatemala, bourdonne nuit et jour... Des nuits blanches usées contre un travail que les angoisses non épargnées rendent plus difficile à réussir que le déplacement d'une montagne. Je me sens tellement, tellement las !

« Et je pars quand même... Je ne puis supporter d'être loin de ceux qui ont faim, je ne connais qu'un moyen d'être en paix avec ma conscience et c'est de souffrir le plus possible... Ça me sera généreusement accordé à moi qui ne peux, sans souffrir physiquement, tel que je suis, porter un paquet de deux kilos, me relever d'un lit ou ramasser un mouchoir par terre... Je ne pars pas *pour* mourir. Je pars pour souffrir et ainsi communier avec les miens... Je ne désire pas me faire tuer, mais j'accepte bien volontiers de m'endormir ainsi. »

Direction, Alger.

4

5 mai 1943. Bureau du général René Chambe, ministre de l'Information du gouvernement provisoire formé par le général Giraud à Alger. Cette nomination ministérielle, c'est toute une histoire. Dès 1941, Chambe est entré dans le complot visant à faire évader Giraud, son ancien chef, qui était prisonnier des Allemands. Durant plus d'un an, les conjurés préparent l'action. Elle réussit. Contact est établi avec l'état-major américain. Le général Weygand, que Chambe est allé voir plusieurs fois de la part de Giraud, s'est récusé. C'est donc Giraud qui a pris en main la direction des opérations en Afrique du Nord au jour du débarquement anglo-américain. Chambe voulait reprendre le combat, avoir un commandement sur le front de Tunisie. Mais Giraud a pour lui d'autres projets...

« Aujourd'hui, deux ans et cinq mois de silence, écrit le général Chambe, plus aucune nouvelle de Saint-Exupéry, toute correspondance étant impossible. L'Algérie, la Tunisie, le Maroc, l'Afrique occidentale française ont repris les armes, entrés en quelque sorte en dissidence à l'égard du maréchal Pétain. Giraud est devenu le grand chef de cette dissidence. Je l'ai rejoint à Alger, en traversant l'Espagne. Je suis auprès de lui, ici, au Palais d'Été.

« La porte de mon bureau vient de s'ouvrir. Le planton, un spahi superbe bleu et rouge, enturbanné, au visage de cuivre, avance et salue :

– Mon Giniral, y a un Monsieur qui veut ti voir.

– Qui ?

– J'y sais pas. Y ti connaît. Y veut ti voir.

– Qu'il entre !

« Une silhouette robuste s'encadre dans la porte : Saint-Exupéry ! Il est là, tête nue, mains nues, sans le moindre bagage. Inchangé, un peu maigri toutefois, avec ses yeux d'oiseau de nuit, aux paupières lourdes, et tout de suite, la gouaille à la lèvre, ce mélange d'humour et de gravité qui lui est si particulier :

– Présent au rendez-vous, mais avec six mois de retard, excusez-moi. C'est de la faute aux gaullistes... »

Il est arrivé la veille, seul civil à bord d'un transport de troupes américain. Il s'est installé chez un vieil ami à Alger, le docteur Pélissier. Il veut rejoindre au plus tôt Laghouat où est basée son ancienne escadrille. La II/33 a déménagé du terrain de Colbert pour cette oasis du Sud algérien. Et un jour, ô miracle, les pilotes français ont vu atterrir sur leur terrain deux P-38...

Et comment va l'Amérique ? L'écrivain ne mâche pas ses mots. New York est une « soupière à crabes » où les Français se déchirent entre gaullistes et anti-gaullistes. Saint-Ex est honni par les gaullistes pour crime de lèse-majesté : son livre, *Pilote de guerre*, n'accable pas Pétain sans nuance et ne tresse pas de lauriers au Général, ce qui a fortement déplu à ce dernier. Là-bas tout est noir ou blanc. Ceux qui ne se rallient pas au chef de la France libre sont considérés comme des traîtres. Attitude qui, à la vérité, dissimule un vif intérêt à s'adjuger plus tard les postes, les prébendes et les honneurs. Saint-Exupéry ne peut plus souffrir les gaullistes. Circonstance aggravante, il a refusé d'écrire pour *La Marseillaise*, organe des gaullistes dirigé par Adrien Tixier, lui préférant

Pour la victoire, créé par Henri de Kérillis – l'un des héros de l'escadron de Gironde, en 1914 – devenu, après une entrevue, la bête noire de De Gaulle. Au lendemain du débarquement américain en Afrique du Nord, Saint-Exupéry a voulu venir immédiatement à Alger. Impossible, Tixier veillait, usant de son influence à Washington pour empêcher son départ. Toutes ses démarches pour avoir un passage par avion restaient sans réponse, ou étaient refusées.

Chambe explique :

« Tixier à New York, et de Gaulle à Londres, étaient entrés dans une colère épouvantable (*La Marseillaise* fulminait) à la nouvelle du débarquement américain au Maroc et en Algérie. On les avait joués ! de Gaulle avait été laissé sur la touche, alors qu'il avait priorité sur Giraud. N'était-il pas le chef de la France Libre, de la Résistance ? Les Américains s'étaient défiés de lui ! On l'avait tenu dans la plus complète ignorance de l'opération. Saint-Ex avait été la victime expiatoire indirecte de cette fureur. Il a durant cinq mois été l'objet d'une véritable obstruction... »

Saint-Ex s'est assis, allongeant ses longues jambes...

– Comment cela va-t-il ici ?

Il ne l'interpelle plus par son nom de famille, comme autrefois : à présent que Chambe a repris du service actif au grade de général de brigade aérienne, Saint-Ex marque le coup – « général » tout court et non pas « mon général », d'ailleurs, ce qui est peu militaire et assez original...

– Alors, général, vous avez vu ce qui est arrivé ? Comme nous le redoutions, les Français ont été assez cons pour tirer sur les Américains. C'était couru !

– Pas tous, on a réussi à arrêter assez vite cette ânerie horrible.

– Pas assez vite ! Il y a eu beaucoup de morts des deux côtés. L'effet a été épouvantable à New York. Mais maintenant qu'est levée l'hypothèque Pétain, il faut savoir que de Gaulle et sa bande exècrent Giraud. Ils ont juré sa perte et l'abattront par tous les moyens.

– Vous tombez pile ! Je vais vous annoncer à Giraud. Vous lui répéterez tout ça. Je crains qu'il ne se prépare à inviter de Gaulle à venir à Alger, partager avec lui le pouvoir.

– Ce serait une folie. À New York, on n'ignore rien de ce qui se prépare à Londres.

– Dites-le-lui, vous-même.

– Je le lui dirai.

Giraud aime accorder audience à certains visiteurs de choix, lors du petit déjeuner, à 8 h 30, dans l'intimité. Café noir sans lait ni beurre, pain dur avec un peu de confiture, très peu. Les restrictions sévissent en Algérie. Il tient à donner l'exemple. Saint-Ex souhaite le rencontrer pour d'évidentes raisons politiques, mais aussi pour obtenir son appui auprès des Américains. Le groupe II/33 va bientôt quitter la base de Laghouat, pour Oujda, au Maroc, où les pilotes disposent désormais de trois Lightning Lockheed P-38. Cet appareil est le joyau de l'aviation américaine, le plus rapide du monde, plus véloce que les avions de chasse allemands. Il peut exécuter des missions de reconnaissance photographique gréé en monoplace, sans être armé, à 10 000 ou 12 000 m d'altitude, hors de portée des chasseurs allemands, incapables de le rattraper. Seulement, les instructeurs américains ne veulent le confier qu'à des pilotes éprouvés et jeunes. Limite d'âge : trente ans.

Saint-Ex : Je veux !

Chambe : Mon vieux, c'est très beau de votre part. Mais vous poursuivez une chimère. Les Américains sont intraitables. Il n'y aura rien à faire !

Saint-Ex : Alors... Giraud ?

Chambe organise l'entrevue dans la semaine qui suit, mais elle se passe mal. Dans son for intérieur, Giraud a résolu d'attacher l'écrivain à son cabinet. Il pourra aider à la propagande française auprès des alliés. Saint-Ex se cabre : il est venu reprendre le combat, non se mettre à l'abri dans un bureau. Il demande à Giraud d'intervenir auprès d'Eisenhower pour être autorisé à piloter le Lightning. Giraud, plutôt froissé :

– Chambe, occupez-vous de ça !

L'atmosphère se détend dès que l'on aborde le terrain politique. Saint-Exupéry raconte ce qu'il a vu et entendu à New York à propos des rapports entre Giraud et de Gaulle. Le général est très intéressé. Mais quand, de connivence avec Chambe, l'écrivain termine son exposé par cette mise en garde : « Si de Gaulle vient un jour à Alger, Giraud sera perdu », le général se lève, pose sa serviette sur la table (il la jette plutôt) et met fin sèchement à l'entretien.

– Mon petit Saint-Exupéry, à chacun ses affaires. Je vous remercie de vos avis. J'ai l'impression que vous me prenez pour le dernier des imbéciles.

En sortant, Saint-Exupéry, un peu pâle, dit à Chambe :

– C'est ça, votre général Giraud ? Ça en promet de belles !

Malgré cette sortie bravache, Saint-Ex est profondément navré. « Il faut parler aux hommes, écrira-t-il plus tard à Chambe. Je regrette de m'être, l'autre matin, si mal exprimé auprès du général Giraud. Mon intervention a paru lui déplaire comme une faute de goût ou de tact ou de discipline. Je m'en affecte absolument la faute : il est difficile d'aborder, à bâtons rompus, de tels problèmes. J'ai échoué par hâte. Cependant, le général a été injuste en me marquant si nettement sa désapprobation, car je n'avais pour but que le rayonnement de l'effort et de la forme de pensée qu'il représente.

L'automatisme de la hiérarchie militaire émoussait mes arguments. Le général m'eût écouté avec plus de bienveillance si j'avais été plus adroit. Et cependant, ce que j'exprimais partait de mes tripes, et je parlais dans le seul but de lui être utile et, par lui, d'être utile à mon pays. Car il me paraît discutable que les commandants d'unité aient qualité pour substituer leur interprétation à un exposé fondamental. Ils n'ont point le pouvoir d'apaiser, s'ils ne se réfèrent pas à un exposé officiel, le sous-officier qui doute de soi, une action politique qui a eu en permanence le souci des exposés précis et simples, l'ayant tourmenté dans sa probité, son patriotisme et son honneur. Le général Giraud est dépositaire de l'honneur de ses soldats. »

De son côté, Chambe aura quelques difficultés à recoller les morceaux, mais Giraud regrette, lui aussi, d'avoir été si vif. Il y aura donc un autre petit déjeuner... « Entre-temps, raconte le général, j'étais monté au Saint-Georges [1] prendre contact avec le général Bedell Smith, chef d'état-major d'Eisenhower. Il devait comprendre que Saint-Exupéry était une figure exceptionnelle en France et même en Amérique. À figure exceptionnelle, mesure exceptionnelle ! Bedell Smith avait été réticent, promettant d'en référer à Eisenhower, mais sans plus. Inquiet, j'avais décidé Giraud à donner personnellement un coup de téléphone à Eisenhower. Et la décision avait été enlevée, Saint-Exupéry était autorisé à piloter le Lightning. »

Le revoilà donc au Palais d'Été, un matin, à 8 h 30. Sirotant son café noir, Giraud l'informe de la bonne nouvelle.

1. L'hôtel Saint-Georges, à Alger, ancien palais du dey, quartier général d'Eisenhower.

Autorisation verbale, pour l'heure. Il va falloir attendre que la note d'état-major de l'US Air Force ait franchi tous les échelons jusqu'au centre d'entraînement et au groupe II/33. Giraud, qui n'a jamais renoncé à son idée première, offre donc à Saint-Exupéry de faire une tournée de conférences pour les officiers et sous-officiers dans les camps d'instruction, lesquels se morfondent en attendant l'ouverture de la campagne de libération. Thèmes à développer ? Patience et confiance ! On ne peut mieux adapté à sa propre situation. Il part donc en mission.

– Me voici passé commis voyageur en propagande, c'est de votre faute ! lance-t-il, gouailleur, à Chambe, en s'installant aux commandes de son Simoun.

« Je le vis plusieurs fois au cours de cette tournée, raconte le général. Je me souviens de son indignation lorsqu'il fut témoin du racolage éhonté des agents gaullistes auprès des évadés de France par l'Espagne débarquant à Casablanca, pour les décider à s'engager dans les troupes du général de Gaulle de préférence à celles du général Giraud. Car en fait, hélas, il y avait deux armées. Saint-Exupéry n'en revenait pas. Son moral en était atteint. Je le trouvai pessimiste. Il l'avait toujours été mais d'une certaine manière. Non qu'il doutât de l'issue de la guerre, de la victoire et de la justesse de la cause d'avoir repris les armes même en dissidence, mais il avait une vue mélancolique de l'avenir qui attendait les hommes après le bouleversement cosmique qui ravageait et, selon lui, avilissait le monde : "Peut-être pour un millénaire, me dit-il un jour. L'univers ne s'en remettra pas. Il se retrouvera en pleine décadence au milieu de ses gravats et de ses ruines. Pourquoi nous battons-nous ? Par une sorte d'attachement désespéré à des principes que nous ne voulons pas voir disparaître. Mais nous ne pouvons faire autrement...

Voyez-vous, général, je hais notre époque. Après cette guerre, quand tout sera fini, nous ne trouverons plus rien que le vide. L'humanité, depuis des siècles, descend un immense escalier dont le sommet se perd dans les nuages et le bas dans un abîme d'ombre. Elle aurait pu le remonter, cet escalier, elle a choisi de le descendre. La décadence spirituelle est effrayante. Cela me sera bien égal si je suis tué pendant la guerre. Vivant, dans quel job pourrais-je me réfugier ? Il n'y a pas de job dans un tas de cendres..." »

Il est ainsi, Antoine de Saint-Exupéry, mélange d'idéalisme, d'ombrageuse tristesse et d'impatience. Lorsque ses compagnons de la II/33 le retrouvent, ils évoquent aussi son joyeux caractère. L'homme est complexe. Après avoir rempli les formalités administratives à la base aérienne de Laghouat, il a repris l'entraînement. En un mois, il a effectué vingt-huit heures de vol sur Bloch 174, Simoun et North American. Le 8 juin, à Oujda, au Maroc, il pilote un Lightning P-38 ! Son âge, ses blessures sont des handicaps sérieux pour ces vols à très haute altitude en cabine non pressurisée, mais tout se passe normalement, même s'il s'obstine à ne pas parler l'anglais, ce qui ne facilite guère les dialogues avec les contrôles américains sur le terrain et dans un ciel où la densité des avions est considérable. Pourquoi ce refus ? Par souci de perfection. « C'est d'ailleurs un avantage à New York, explique-t-il avec mauvaise foi à l'un de ses amis américains, John Phillips. Quand je veux une tasse de café, je me dirige vers la plus jolie serveuse et lui fait comprendre par gestes qu'il me faut une tasse, une soucoupe, une cuiller, un café, de la crème et du sucre. Ma mimique la fait sourire. Pourquoi diable apprendrais-je l'anglais qui me priverait de ce sourire ? »

Mais il n'est plus à New York, et l'anglais est de rigueur à la tour de contrôle. Saint-Exupéry méprise les accessoires radio : « Ces écouteurs sont tout juste bons à me donner la migraine, et j'ai horreur de tous les liens qui peuvent me rattacher au sol. »

Pour ce qui est du P-38, il confie ses premières impressions à Chambe :

« C'est une belle machine. J'aurais été heureux de disposer de ce cadeau-là pour mes vingt ans. Je constate avec mélancolie qu'aujourd'hui, après quelque six mille cinq cents heures de vol sous tous les ciels du monde, je ne puis plus trouver grand plaisir à ces jeux-là... Si je me soumets à la vitesse et à l'altitude à un âge patriarcal pour ce métier, c'est bien plus pour ne rien refuser des emmerdements de ma génération, que dans l'espoir de retrouver les satisfactions d'autrefois. C'est sans doute quand j'avais vingt ans que je me trompais (...). »

Mais que cherche-t-il, exactement, ce diable d'homme ? Comme le dit Rougemont, il ne peut plus s'arrêter de penser. Son imagination l'entraîne vers octobre 1940 où, démobilisé en France, il avait vécu quelques semaines presque comme un sauvage, hors du temps, loin de la défaite. Sa voiture étant remisée dans un garage poussiéreux, il avait « découvert la carriole à cheval, l'herbe des chemins, les moutons et les oliviers ». Les oliviers avaient un autre rôle que de battre la mesure, derrière les vitres, à 130 km/h. « Ils fabriquaient lentement des olives. » Quant aux moutons, « ils faisaient de vraies crottes et fabriquaient de la vraie laine ». L'herbe avait un sens, puisqu'ils la broutaient ! Saint-Ex s'était senti revivre dans ce coin du monde où la poussière elle-même était parfumée...

« Tout ça pour vous expliquer que cette existence grégaire, au cœur d'une base américaine, ces repas expédiés debout en dix minutes, ce va-et-vient entre des monoplaces de deux mille six cents chevaux, et une sorte de bâtisse abstraite où nous sommes entassés à trois par chambre, ce terrible désert humain, en un mot, n'a rien qui me caresse le cœur. Ça aussi, comme les missions sans profit ni espoir de retour de juin 1939, c'est une maladie à passer. Je suis "malade" pour un temps inconnu. Mais je ne me reconnais pas le droit de ne pas subir cette maladie. Voilà tout.

« Ah général, il n'y a qu'un problème, un seul, de par le monde. Rendre aux hommes une signification spirituelle. Des inquiétudes spirituelles. Faire pleuvoir sur eux quelque chose qui ressemble à un chant grégorien... »

Saint-Ex oublie son existence terre à terre, en plein ciel, à 10 000 m... Le 19 juin, il reçoit son certificat d'aptitude au vol à haute altitude : « À signaler, pendant le maintien d'une dépression correspondant à une altitude de 12 000 m, de légères manifestations douloureuses dans un ancien foyer de fracture »... Le 25 juin, il est promu commandant. La II/33 s'installe le 1er juillet à La Marsa, en Tunisie. Saint-Exupéry loge dans la villa du commandant de l'escadrille, René Gavoille, à Marsa-Plage. Il est heureux, travaillant à *Citadelle*, se couchant tard, se levant tard, exaspérant un peu ses hôtes avec son habituelle distraction. Il laisse les robinets ouverts, les lampes allumées, alors que l'eau et l'électricité sont sévèrement contingentées. Il ne ferme pas la porte-fenêtre de sa chambre, et se fait voler par des gamins, durant son sommeil, son portefeuille, sa montre, son stylo.

Écriture et bains de mer. Quelques œuvres graphiques, aussi. C'est pour lui une sorte de révélateur. Croquis mélancoliques lorsqu'il est triste. Foule de petits dessins joyeux, quand il est heureux...

Retour au terrain : la zone libre française étant désormais occupée par les troupes de l'Axe, la II/33 est chargée d'observer nos côtes. Trente-six missions de guerre seront effectuées, principalement sous forme de couverture aérienne (*mapping*) de secteurs donnés dans le sud de la France : partir seul, sur un monoplace rapide, non armé, pour rapporter des photos de points isolés, villes occupées par l'ennemi, ports, terrains d'aviation, ou de zones entières, parfois plus de 5 000 km de terrain photographié. Missions longues – plus de six heures – avec emploi constant d'oxygène. Sécurité assurée par la vitesse et par l'emport d'un canot pneumatique lié au parachute... « Mais ça fait rudement plaisir de revoir la France ! »

Journal de marche de l'escadrille : « La première fois que l'on approche de l'Europe et que l'on distingue subitement, à travers la légère brume, le dessin des côtes, dans la splendeur d'une belle journée, le cœur est étreint d'une puissante émotion. Heureux sont les pilotes qui ont connu cette sensation. »

Les relations avec les Américains sont franches, cordiales. Il y a des séries noires parfois : des moteurs qui cafouillent, des pannes d'oxygène, des trains d'atterrissage qui ne sortent pas, qu'il faut descendre à la main, en manœuvrant une pompe récalcitrante durant une dizaine de minutes, le corps trempé de sueur, l'angoisse au cœur à cause du danger de non-verrouillage du train en fin d'opération. Et quand tout fonctionne bien, il y a encore et toujours les chasseurs de la Luftwaffe et la DCA allemande, la Flak [1]... « Nous connaissons tous ces moments lourds à supporter, où l'on attend un avion en retard. Un quart d'heure, une demi-heure, une heure de retard – la limite de carburant est atteinte – l'avion ne peut plus rentrer à sa base. Reste l'espoir d'apprendre qu'il s'est posé, en panne, quelque part en territoire ami. Les réseaux téléphoniques et radio fonctionnent toute la nuit. Le lendemain, toujours rien. Demeure l'ultime espérance d'apprendre

1. Artillerie antiaérienne allemande. Flak est l'abréviation du mot allemand : *Fliegerabwehrkanone*, signifiant « canon antiaérien ».

un jour que le pilote a été fait prisonnier. C'est ce qui s'est passé pour le lieutenant Le Forsonney, notre premier disparu. Nous apprendrons qu'il a été abattu par la chasse. Grièvement blessé à la tête par un éclat d'obus, et miraculeusement parachuté, il s'est réveillé à l'hôpital... »

Saint-Ex a donc été « transformé » sur Lightning P-38. Il a effectué sa première mission de guerre le 21 juillet 1943. Malheureusement, le 1er août, avec un moteur en panne, il est un peu long à l'atterrissage et ses freins répondent mal. Il fait un « cheval de bois » et égratigne une aile sur les branches d'un olivier. Gavoille le fait piloter à nouveau pour ne pas le laisser sur cette mauvaise impression, mais certains officiers supérieurs américains profitent de l'incident pour l'interdire de vol. Techniquement, médicalement, stratégiquement, ils ont raison. Saint-Exupéry est trop grand, trop âgé. Les pilotes de grande reconnaissance travaillent en fonction de plans secrets établis par le grand état-major. Ils doivent rentrer, contrairement aux chasseurs et bombardiers, pour que la mission soit exécutée, et ne surtout pas tomber aux mains de l'ennemi qui aurait ainsi les possibilités d'obtenir des renseignements sur la stratégie du Haut Commandement.

« Il y a aussi, explique Gavoille, la jalousie de certains Français qui n'admettent pas notre intégration dans l'aviation américaine, et n'hésitent pas à nous reprocher de porter la Francisque de Vichy sur la Croix de la France libre », laquelle n'est rien d'autre que leur emblème, la fameuse hache d'abordage à deux tranchants...

Saint-Exupéry est donc rayé de la liste des pilotes.

Écrivain et poète, certes, mais avoir la tête dans les nuages n'est pas recommandé dans un avion de chasse.

Il accourt aussitôt à Alger.

En cet été 1943, sur le plan politique, de Gaulle a gagné du terrain. Il est coprésident du Comité de libération nationale, mais Giraud cumule encore cette même fonction avec celle de commandant en chef des armées de terre, de mer et de l'air. C'est à ce dernier titre que Chambe lui demande d'intervenir une nouvelle fois auprès d'Eisenhower. Les circonstances sont favorables. Giraud vient de lire *Pilote de guerre*, qui l'a enchanté – « peut-être parce qu'il avait souverainement déplu à de Gaulle », note non sans malice le général Chambe. Giraud intervient, mais la démarche traîne en longueur, l'US Air Force répugnant aux passe-droits. Giraud insiste. Saint-Exupéry attend dans l'angoisse à Alger. Pour tuer le temps, il exécute des tours de cartes devant ses amis, fruit d'une passion pour la théorie des nombres. Son adresse est ahurissante. Il devine la carte que vous avez choisie jusqu'à en devenir inquiétant, et même suspect de magie. Il se défoule, mais ce n'est pas une vie...

Un médecin algérois, Jean-Louis Jacquemin, a décrit avec gourmandise l'ambiance du bar des Ailes, le rendez-vous des « vieilles tiges », décoré de boiseries aux tons chauds, avec ses banquettes en moleskine rouge, ses tables rustiques et son vieux bar, haut perché, et ses réserves de Picon, Suze, Noilly, Mandarin, Guignolet, etc. Saint-Exupéry y était servi par un barman kabyle qui lui préparait des petits amuse-gueules, ou plus exactement de redoutables pousse-à-boire. Les canapés de Saint-Ex ! De la charcuterie méditerranéenne – la soubressade mahonnaise – malaxée avec une bonne demi-boîte de harissa du cap Bon, liée par un filet d'huile d'olive et arrosée d'anisette pure pour masquer les graisses ! Une nuit au réfrigérateur. Tartiner généreusement sur des petites tranches de pain bien croustillantes... À l'été 1943, Saint-Ex est donc installé chez son vieil ami le docteur Georges Pélissier, 17 rue Denfert-Rochereau. Le 5 novembre, il s'abîme une vertèbre. « Figurez-vous, explique-t-il à Pélissier, qu'il vient de m'arriver une aventure ridicule. J'arpentais à pas allègres le hall d'une maison noire comme un four. Je n'aperçois pas l'escalier de six marches de marbre blanc, destiné à faire élégant sous les lumières. Je me trouve brusquement flottant dans le vide. Pas longtemps. J'entends un grand fracas. C'était moi. Je me retrouve allongé de dos, bien sagement, soutenu délicatement, en deux points, par les solides angles de marbre. Ces deux points étaient le coccyx et la cinquième vertèbre lombaire. Bien qu'une si petite surface ait infligé un si grand choc, l'escalier n'était pas cassé. Quant à moi, tant bien que mal, je parviens à déambuler... »

Mais comme il soupçonne le docteur de mal mesurer sa douleur, il se sent abandonné de la médecine. Et terriblement isolé. « Ne vous sentez jamais seul. Mon cœur bat près du vôtre, lui écrit Consuelo. C'est si dur, si amer de ne pas pouvoir porter secours à vos blessures, à vos rhumatismes, avec mes mains tout entières tendues vers vous. »

Elle tente de le consoler et, par-delà l'Atlantique qui les sépare, *Le Petit Prince* devient le fils qu'ils n'ont pas eu. « Un jour, lui dit encore Consuelo, promets-moi de m'emmener avec toi dans le désert pour y attendre le Petit Prince. » Antoine poursuit alors l'écriture de *Citadelle*, son livre en vrac, sans aucun plan, effrayant par son ambition, vaste, débordant, lyrique, fatras moral et métaphysique. En lui s'est installée l'idée du sacrifice, de la mort consentie, telle une assomption, une rencontre avec Dieu. « Une religiosité nocturne l'habite, ce n'est plus le catholicisme de son enfance, peuplé de cérémonies heureuses familiales, de processions et d'heures exquises auprès du père abbé catéchiste. Il porte sur lui une image pieuse de Thérèse de Lisieux, qui connut elle aussi la nuit obscure, le doute et la détresse. Peu à peu il se rapproche de la solitude de Jésus, de la veille des Oliviers, de la nuit du Gibet... Ses lettres ne sont pas celles d'un hypocondriaque têtu et revêche, mais bien l'aveu d'une tristesse qui confine à l'envie de mourir. Naître, ne cesse-t-il de répéter, c'est reprendre du service, voler enfin [1]. »

« Plain-chant, pleine mer ! », il rêve de s'enfoncer dans des nuages vastes comme des cathédrales. Cloué au sol de la ville blanche, il enrage d'être en disponibilité de commandement, comme on dit pudiquement dans l'armée. « Je suis un pestiféré... eh bien je m'en fous !... J'ai un chagrin au-dessus de mes forces... J'ai du chagrin à perdre haleine. »

Pendant ce temps, son escadrille a été transférée à Foggia-San Severo, sur la côte adriatique. Les pilotes observent avec une certaine ironie que tous les fascistes ont disparu d'Italie... Noël 1943 : une fête interalliée réunit Français et Américains autour d'une dinde arrivée des États-Unis en conteneur frigo.

D'Alger, Saint-Exupéry adresse ce télégramme à sa femme, à New York : « Consuelo bien-aimée suis absolument désespéré par Noël loin de vous – stop – lettres seule consolation dans amertume immense – stop – seule joie dans la vie sera vous revoir ai vieilli cent ans de penser à vous et vous aime plus que jamais. »

Antoine attend toujours son commandement – opiniâtrement, tout comme le Petit Prince qui ne renonçait jamais à une question une fois qu'il l'avait posée... Il a écrit au général Chambe :

« Cher Général,

« Lorsque je me suis ce soir retrouvé chez moi, j'ai éprouvé une grande mélancolie. C'est sans doute la première et la dernière fois que je m'anime pour un point de vue égoïste, mais il me tient à cœur pour d'autres raisons que des raisons intéressées. Je ne vous ai jamais parlé, ni n'ai jamais parlé à personne de ma promotion au grade de commandant. Je ne voulais pas être aidé dans un domaine où le mécanisme le

1. Alain Vircondelet, *op. cit.*

plus normal jouait en ma faveur... J'ai fait casser trois mutations qui, sur la demande de l'ambassade elle-même, m'affectaient à la propagande aux États-Unis... Ce grade de commandant, dont je suis jugé indigne, je l'ai moi-même refusé au cours de la guerre par fidélité au groupe II/33. J'ai en effet demandé au ministère de l'air de ne pas être promu sachant que cette promotion aboutirait à la mutation dont je déclinais l'avantage.

« Du point de vue professionnel j'avais près de 7 000 heures de vol récoltées sur les lignes les plus dures. J'ai, en outre, trois années durant (29-30-31) assuré la direction de tout le réseau intérieur argentin, soit cinq mille kilomètres de lignes, et fondé de mes propres mains la ligne de Buenos Aires au détroit de Magellan, qui est mon œuvre personnelle.

« Mais outre ces raisons techniques et militaires il me semblait normal, pour d'autres raisons, de bénéficier de cet avantage de grade en vue de la fertilité de mes contacts avec des camarades étrangers. Mes livres, aux États-Unis, sont classés comme les plus lus, non seulement des livres français, mais des livres américains eux-mêmes. Je crois être le seul étranger à avoir jamais bénéficié d'une telle audience. Je n'en tire aucune vanité, mais j'ai usé de cet avantage pour défendre aux États-Unis, contre une opinion égarée, l'honneur français... C'est si exact que si j'avais trahi mes convictions profondes en me ralliant là où l'on pèse l'homme à son pouvoir de propagande, je serais depuis bien longtemps bien autre chose que commandant. Vous savez mieux qu'un autre que, de cette position morale, je ne cherche à tirer aucun profit et ne sollicite rien sinon d'être, comme hier, pilote de mission de guerre...

« Cher général, je suis un peu amer et remets mon sort entre vos mains. Croyez en une amitié qui est profonde.

Saint-Exupéry. »

Relancé de mois en mois par Giraud, Eisenhower, excédé, appelle son chef d'état-major :

– Ces Français sont impossibles, Giraud le premier ! Ce Saint-Exupéry nous casse les pieds. Réintégrez-le ! Il nous embêtera peut-être moins en l'air que sur la terre !

À l'autre bout du fil, le général Walter Bedell Smith griffonne quelques mots sur une page de son bloc-notes, que son secrétaire transmettra au général Eaker, commandant en chef de la MAAF – Mediterranean Allied Air Force :

« Le pilote français Saint-Exupéry, actuellement radié, est réintégré dans la fonction de pilote.

Signé : Eisenhower. »

5

16 mai 1944, Antoine de Saint-Exupéry rejoint la « Hache », basée à Alghero, en Sardaigne. La conquête de l'Italie s'est opérée en remontant de Reggio, à la pointe de la botte, en septembre 1943, vers Naples, Rome et Sienne. Juillet 1944, les éléments avancés sont sur l'Elsa, ils approchent de l'Arno. Bientôt, ils apercevront Florence. Le 17 juillet, l'escadrille II/33 arrive en Corse, sur le terrain de Borgo, au sud de Bastia. De là, elle procédera à une exploration systématique du sud de la France en remontant la vallée du Rhône, bien au-delà de Lyon. Ses missions préparent l'offensive en Provence.

Journal de marche de la II/33 :

« Tout le monde sent l'imminence de la grande bataille finale. La guerre en Normandie est dure, mais le front avance sans heurts et sans reculs. Bientôt le débarquement dans le Sud de la France sera chose faite. De nombreux signes nous permettent de le supposer : nos missions photographiques *dicing*[1] le long des côtes, et l'interdiction de vol pour deux de nos pilotes qui, à la suite d'un stage dans les états-majors américains, "en savent trop long".

« L'été et la chaleur torride du terrain de Borgo rendent nos départs en mission pénibles. Durant les dix minutes pré-

1. Vol à basse altitude, à environ 300 m.

cédant le décollage, il faut supporter un équipement vestimentaire plus approprié au pôle Nord que pour aller errer sous un soleil torride, et ensuite attendre d'être à 10 000 pieds pour commencer à avoir une meilleure température. À ce moment, le corps est baigné de sueur, et il faut accomplir toute la mission dans une moiteur très désagréable. »

Saint-Exupéry vole beaucoup, avec plus ou moins de bonheur. Le 6 juin, mission interrompue, feu à un moteur, il oublie de déclencher son signal d'identification radio[1]. Le 14, bonne mission. Le 15, demi-tour suite à une panne d'oxygène. Le 23, bonne mission. Le 29, jour de son quarante-quatrième anniversaire, sur un seul moteur, il franchit les Alpes, et rentre par Turin et Gênes dont il rapporte de précieuses photos[2]. Parti d'Alghero en Sardaigne, il doit atterrir en catastrophe à Borgo en Corse. Le 11 juillet, il fait demi-tour à cause de la météo. Le 14, panne d'oxygène, il frôle la perte de connaissance. Le 16 juillet, considérant qu'avec le capitaine Leuleu, ils en connaissent trop sur la stratégie des opérations à venir, on leur demande de ne plus partir en mission de guerre. Saint-Ex refuse catégoriquement. Le 18 juillet, mission photographique sur le secteur des Alpes. Le 21 juillet, le capitaine Leuleu et le lieutenant Henry sont interdits de vol pour leur

---

1. En approche, en difficulté, il oublie de brancher le dispositif d'identification de son avion et il ne parle pas anglais. Le contrôle allié, le prenant pour un ennemi, déclenche l'alerte (chasse et DCA). Saint-Ex va alors crier dans sa radio le mot de Cambronne. Les Américains n'auront ainsi plus aucun doute sur l'identité du pilote dont ils sont bien incapables de prononcer le nom. Ils rassureront tout le monde en disant que ce n'est que le « major Ex » qui rentre de mission.
2. Cette mission lui vaudra sa deuxième citation à l'ordre de l'armée et sa seconde palme (Croix de guerre avec palme).

connaissance des opérations en cours et à venir. Saint-Ex continue, mais il a le record des incidents.

Le commandant de l'escadrille, René Gavoille, s'en inquiète. De plus, une phrase qu'il avait adressée à Saint-Exupéry en 1940, et qu'il a retrouvée dans *Pilote de guerre*, le tourmente : « Vous n'avez tout de même pas la prétention, mon capitaine, d'être vivant après la guerre »...

Gavoille se souvient :

« Je me décide enfin, alors que les pilotes dorment, à aller le trouver dans la chambre qu'il occupe au rez-de-chaussée de notre villa d'Erbalunga. Il est couché, tout habillé, sur son lit, les mains sur la tête ; il est ainsi chaque soir, quand il se retire, mélancolique, il remet en cause la finalité des efforts de la journée, il médite et, tard, avant de s'endormir profondément, écrit. »

Gavoille veut surtout lui demander d'être prudent. « Son génie ne dispose pas de beaucoup d'horizon dans notre milieu où la vie de l'esprit fait obligatoirement défaut... » En fait, il sera bientôt interdit de vol : le débarquement allié en Provence est imminent. Bien que non inscrit sur le tableau, Saint-Exupéry insiste pour repartir. Les deux hommes conversent assez longuement. « Mais il me donne l'argument final : il est convaincu qu'il disparaîtra d'une façon ou d'une autre et que je ne tolérerai pas moi, son ami, que ce soit autrement qu'en mission de guerre »...

Saint-Exupéry demande à Gavoille un grand service, celui d'accepter sa mallette de manuscrits pour lesquels il lui donne les consignes nécessaires. Le commandant de la II/33 entend tout cela comme dans un rêve : c'est un testament. « J'ai l'impression de voir un revenant. Bouleversés, nous pleurons ensemble, je le quitte très tard, emportant la mallette dans ma chambre. »

Nom de code de sa dernière mission, le 31 juillet : « SODA » nº 33 S 176 – reconnaissance au-dessus de Grenoble et Chambéry.

Le 30 juillet au soir, « le dîner fut très gai », se souvient Yvette Moiron, jeune fille de seize ans, à l'époque. Elle était la « petite » d'un groupe d'amies plus âgées qu'elle – cinq ans et demi de différence, c'était énorme ! Les pilotes du II/33 venaient les chercher en Jeep à Cardo et, par le col de Teghine, tout le monde passait sur l'autre rive de l'île, sur la plage de Farinole, à une trentaine de kilomètres de Bastia, où l'on organisait des pique-niques sur des couvertures kaki disposées sur le sable...

Yvette est la fille du directeur de la compagnie maritime Freyssinet, qui fait la liaison entre la Corse et le continent. Sa mère a confiance en elle. Elle la laisse libre de sortir – il y a des surprises-parties, même l'après-midi, on danse, on s'amuse beaucoup, mais pas question de s'évader dans les buissons. « Même pour se dire bonjour, on s'embrassait beaucoup moins que maintenant ! » Elle a fait la connaissance de Saint-Exupéry dix jours plus tôt. Elle se rappelle un homme grand, massif, taillé en sportif, avec un visage correspondant peu au physique romantique qu'elle imaginait pour l'auteur de *Vol de nuit*. Un gros nez, mais oui, un teint assez rouge. Pour une jeune fille, ce n'est pas l'archétype du séducteur... pas comme certains aviateurs anglais... Il est loin de se comporter comme tel, d'ailleurs. « Il était le plus âgé de tous, et gardait une certaine réserve. Il se promenait sur la plage. La mer était dangereuse, avec des rouleaux. Il marchait de long en large, préoccupé, peu bavard, rêveur, perdu dans ses pensées. Ses yeux étaient très beaux... Il était en uniforme, le calot posé de travers, et pas coquet du tout. » Yvette se souvient du sergent pilote Renoux, de l'aspirant Marty, du photographe Guilleminot, du lieutenant Leleu, décorateur dans le civil ! Le soir, quand on dansait, Saint-Ex se laissait faire parfois, par pure gentillesse, mais comme il avait de grands pieds, il écrasait non moins gentiment les pieds de ses cavalières.

Au soir du 30 juillet donc, la troupe est allée joyeusement dîner en bord de mer, au restaurant Les Sablettes, sur la route du cap Corse. Saint-Ex et Yvette se sont retrouvés côte à côte, en bout de table. « Regarde, ma petite chérie ! » lui a-t-il dit. Et il a sorti de sa poche un jeu de cartes pour lui faire des tours qui se terminaient souvent par un as ou un roi de cœur ! « Il mangeait à peine, il grignotait. Et puis il est parti très tôt. Vers 11 h 30, minuit. Il s'est éclipsé. On a appris plus tard qu'il n'était pas rentré à la base, où il ne s'est présenté qu'au matin, pour sa mission. On n'a jamais su où il avait passé la nuit. »

Peut-être est-ce là que débute le mystère ?

31 juillet 1944. 8 heures du matin. Le jeune mécanicien Charles Suty se rend sur la piste. Il voit arriver deux officiers. L'un d'entre eux est le commandant de Saint-Exupéry, qui va monter dans l'étroite carlingue du Lightning n° 223.

« Je le vois pour la première fois de près. J'éprouve une grande émotion. Il ne me connaît pas et, pourtant, me parle très gentiment. Cela ne doit, hélas, durer que le temps nécessaire à son installation dans la cabine. Je remarque son bloc-notes fixé sur sa cuisse et un crayon relié par une ficelle... »

Après avoir fait signer la forme, le mécanicien et un sous-officier aident Saint-Exupéry à boucler son parachute, sa ceinture, à mettre son casque, brancher le masque à oxygène, la fiche radio, vérifier les instruments au cours du démarrage des moteurs. Puis ils ferment la cabine, tandis que l'adjudant-chef Roussel et le sergent-chef Potier procèdent aux dernières vérifications au sol : moteur, train d'atterrissage, volets, gouvernes.

On enlève les cales sous les roues.

« Signe de la main habituel. C'est le départ. Il est 8 h 45[1]. »

L'appareil décolle. Vingt-cinq minutes plus tard, le poste radar signale qu'il a dépassé les côtes françaises. Compte tenu de la brève distance entre la Corse et le continent, il devrait être de retour à midi. À 14 heures, personne, et le carburant sera bientôt épuisé.

Ce que nul ne sait encore, c'est que Saint-Exupéry a laissé deux lettres en évidence sur la table de sa chambre d'officier. La première est adressée à son égérie, l'autre amour de sa vie, la chère et tendre, et si aristocratique Nelly de Vogüé : « J'ai failli quatre fois y rester. Cela m'est rigoureusement indifférent. L'usine à haine, à irrespect, qu'ils appellent le redressement, je m'en fous. Je les emmerde.

« Des chasseurs m'ont surpris l'autre jour.

« J'ai échappé juste.

« Leur polémique m'emmerde et je ne comprends rien à leur vertu. La vertu, c'est de sauver le patrimoine spirituel français en demeurant conservateur de la bibliothèque de Carpentras. C'est d'apprendre à lire aux enfants. C'est d'accepter d'être tué en simple charpentier. Ils sont le pays. Pas moi. Je suis du pays. Pauvre pays. »

La seconde lettre est destinée à Pierre Dalloz, chef de maquis dans le Vercors : « J'aurais aimé savoir ce que vous pensiez des temps présents. Moi je désespère...

« Je fais la guerre le plus profondément possible. Je suis certes le doyen des pilotes de guerre du monde. La limite

1. Il est impossible de connaître avec exactitude l'heure de décollage de Saint-Exupéry. Les témoignages directs indiquent 8 h 15 ou, plus vraisemblablement, 8 h 45. L'autonomie de son appareil est de cinq heures.

d'âge est de 30 ans sur le type d'avion monoplace de chasse que je pilote. Et, l'autre jour, j'ai eu la panne d'un moteur, à 10 000 m d'altitude, au-dessus d'Annecy, à l'heure même où j'avais 44 ans ! Tandis que je ramais dans les Alpes à la vitesse de tortue, à la merci de toute la chasse allemande, je rigolais doucement en songeant aux superpatriotes qui interdisent mes livres en Afrique du Nord. C'est drôle !

« Si je suis descendu, je ne regretterai absolument rien. La termitière future m'épouvante. Et je hais leur vertu de robots. Moi, j'étais fait pour être jardinier »...

Saint-Exupéry a conscience que de Gaulle incarne désormais la légitimité historique française, mais il ne cache ni sa méfiance à son encontre ni sa répulsion pour son entourage. « Je suis très impressionné par cette bande de fous, leur appétit de massacres entre Français, leurs souhaits en ce qui concerne la politique d'après-guerre, écrit-il à son éditeur américain Hitchcock. Vous serez un jour de mon avis, Curtice, vous sourirez avec mélancolie en songeant que l'on me traitait de parasite à cause de mon refus d'adhérer au gaullisme ! Croit-on encore que le gaullisme représente la démocratie et le général Giraud la tyrannie ? Je reprocherais plutôt à Giraud d'avoir été faible comme un mouton et d'avoir cédé sur tous les points au candidat dictateur. »

Saint-Exupéry se refuse à entrer dans un monde qu'il considère comme vidé de tout contenu spirituel.

Il est maintenant à bord de son Lightning avec, en tête, les pensées qu'il confiait trois semaines plus tôt à son ami Chambe :

« Qu'est-ce que je fais avec mon casque et mon masque à oxygène, mes écouteurs et mon laryngophone, avec mes bretelles de parachute et tout ce fourbi autour de moi ? Je suis un homme d'un autre âge. Je suis contemporain de Joachim du Bellay, ou à la rigueur d'Arvers avec son sonnet, son mystère et son secret. La civilisation aurait dû s'arrêter là. Pourquoi avoir été plus loin ? Tout le reste est de trop. Quand nous aurons délivré la France, il n'y aura plus qu'une chose à faire : passer au marteau-pilon tout ce qu'a fabriqué notre progrès imbécile et revenir à tout prix à un siècle en arrière, peut-être plus, remettre l'esprit à sa vraie place. Si on ne le fait pas, l'humanité s'ensevelira de ses propres mains. Amen ! »

6

Ainsi commence une énigme qui va durer plus d'un demi-siècle.

Jamais, en voyant le petit geste de la main esquissé par Saint-Exupéry derrière son cockpit de Plexiglas, les hommes de la II/33 n'aurait pu imaginer que ce serait l'ultime fois.

Passé midi et demi, Gavoille est inquiet. Les appels radio restent sans réponse. À 13 heures, le contrôle radar est alerté. Rien sur les écrans. 14 h 30, le carburant de l'avion est épuisé. Il ne réapparaîtra pas dans le ciel. 15 h 30, l'*Intelligence Officer* du groupe, Vernon V. Robison, remplit et signe la fiche : « PILOT DID NOT RETURN AND IS PRESUMED LOST... NO PICTURES. »

« À partir de quarante ans, méfiez-vous des avions que vous piloterez ! » avait averti une voyante, Mme Pikomesmas. Saint-Exupéry ne l'avait probablement pas oublié...

Les plus optimistes veulent croire qu'il s'est posé en catastrophe en Suisse, ou bien qu'il s'est camouflé dans le maquis savoyard. Ils se payent de mots, supposant que s'il est prisonnier, ce ne sera pas pour longtemps... Mais à Alger, quelques jours plus tard, se répand une rumeur nauséabonde : « Il a probablement atterri à Vichy »...

« On ne lui pardonnait même pas sa disparition puisqu'on insinuait qu'il s'agissait d'une trahison camouflée, raconte

Curtis Cate[1]. Les journaux donnèrent un certain retentissement au fait qu'il n'était pas rentré de sa dernière mission de guerre, on publia quelques articles relatant sa carrière et puis soudain, ce fut le silence. Comme si quelque chef d'orchestre avait fait un signe. Certains en conclurent que le mot d'ordre était venu une fois de plus d'en haut. »

Au cours des jours suivants, la radio allemande ne fait aucune annonce indiquant que le Lightning de Saint-Ex aurait pu être abattu par un chasseur de la Luftwaffe. Parmi ses camarades d'escadrille, les opinions sont partagées, Gavoille, Leleu et Duriez supposent qu'il a pu être victime à nouveau d'une panne d'oxygène. Un arrêt de soixante secondes à une hauteur de 30 000 pieds suffit à tuer un homme. Compte tenu de la région à photographier, le Lightning aurait pu s'écraser dans les Alpes. Cela expliquerait pourquoi les écrans radar de Bastia n'ont repéré aucune trace de lui sur le chemin du retour.

« La technique de vol mise au point par Leleu et ses compagnons était simple, explique encore Curtis Cate : il fallait s'élever jusqu'à l'altitude où la traînée de vapeur du Lightning devenait visible, puis descendre à 500 ou 1 000 pieds plus bas, au niveau où elle disparaissait. En volant juste en dessous de ce plafond de formation de vapeur, le pilote avait une meilleure chance d'apercevoir l'ennemi si un avion allemand montait pour l'attaquer. »

De fait, le Lightning est si rapide que les chasseurs allemands ne peuvent espérer le frapper qu'en montant au-dessus de lui et en « déroulant leur traîne blanche de mariée », extrêmement repérable.

---

1. Écrivain et journaliste français d'origine américaine, auteur de *Antoine de Saint-Exupéry, laboureur du ciel* (Grasset, 2000).

Saint-Exupéry était-il si distrait, ou si concentré sur sa mission photographique, qu'il n'a pas repéré le cobra – c'est ainsi qu'il a désigné les Messerschmitt, dans *Pilote de guerre* – se glissant derrière lui pour le frapper? Un moteur l'aurait-il de nouveau lâché? Aurait-il épuisé son oxygène avant redescendre à un niveau inférieur? Fut-il victime d'une panne causée par le débranchement d'une durite?

Aucun indice n'apparaîtra, jusqu'à ce qu'un jour de mars 1948, l'éditeur français de Saint-Ex, Gaston Gallimard, reçoive une lettre d'un ancien capitaine d'état-major de la Luftwaffe, Hermann Korth, pasteur d'une église protestante à Aix-la-Chapelle. C'est en lisant un magazine de Göttingen que Korth a appris la date exacte du dernier vol de Saint-Exupéry. Vérifiant dans son journal de guerre, il vient de découvrir qu'elle correspondait à une note écrite par lui...

Trois états-majors de la Luftwaffe sont basés, respectivement, à Istres pour le sud de la France, à Malcésine sur le lac de Garde pour l'Italie, et à Belgrade pour le Luftwaffen Kommando du Sud-Est. Le capitaine Korth est à Malcésine. Le 31 juillet 1944, ne souhaitant pas assister à la fête anniversaire d'un camarade, il est resté très tard dans son bureau. C'est alors, sur les coups de minuit, qu'il reçoit d'Istres (nom de code: *Tribun*) un message du capitaine Kant, l'officier de renseignements qui téléphone quotidiennement les résultats des missions de reconnaissance aérienne allemandes. Les registres officiels sont déjà rangés sous clefs, Korth note le message en abrégé sur une feuille de son agenda personnel, à la page du 31 juillet: «*Anr. Trib. K. Absschuss 1 Aufkl. Brennend über See. Aukl. Ajacc. Unver.*» qu'il traduit ainsi: «Appel téléphonique de Tribun, du capitaine Kant. Destruction d'un avion d'observation, brûlant sur la mer, après combat. Notre reconnaissance au-dessus d'Ajaccio, inchangée, se poursuit. »

Durant quelque temps, on va supposer le mystère Saint-Exupéry enfin résolu. Or la veille de sa disparition, le 30 juillet, entre 12 heures et 12 h 15, un pilote américain, Gene Meredith, a précisément été abattu, à 60 milles [1] de la côte corse, entre Nice et Bastia. N'y aurait-il pas confusion ? Il est peu probable qu'à vingt-quatre heures d'intervalle, au même point géographique, à la même heure, le même accident se soit reproduit.

Contacté par le docteur Pélissier qui veut en savoir plus, Hermann Korth est formel : il n'a transcrit son message que le lendemain : « *Ausserdem pflegte ich in meinem Privattagebuch immer am Abschluss eines Tages das Datumn des kommenden einzutragen. Dieser Tag war aber der 1ste August* – En outre j'avais toujours soin d'inscrire dans mon agenda, à la clôture d'un jour, la date du suivant. Ce jour était le 1er août. »

Pélissier lui fait remarquer la similitude des circonstances authentiques de la mort de Meredith et celles, présumées, de la disparition de Saint-Ex. Mais l'Allemand n'en démord pas :

« *Doch besteht über das Datum des Anrufes kein Zweifel.* » Aucun doute sur la date de l'appel du capitaine Kant. Le 31 juillet...

Redoutant un débarquement en Provence, la Luftwaffe effectuait des missions quotidiennes de photographie sur les ports et les côtes du nord de la Corse. L'un des Focke Wulf d'accompagnement avait repéré le Lightning de Gene Meredith et l'avait abattu. L'Américain devait survoler la région de la Durance, au nord de Marseille. Il avait eu la malchance

1. Un mille marin équivaut à 1 852 m.

de croiser les Allemands en reconnaissance sur Ajaccio, située dans la partie méridionale de la côte ouest de la Corse, alors que Bastia, d'où Saint-Exupéry décolla le lendemain, est à l'extrémité nord-est.

S'il avait été envoyé comme Meredith sur la région du Rhône ou de la Durance, sa ligne aurait pu croiser les avions allemands chargés de photographier Ajaccio. Mais il se dirigeait vers les Alpes et Grenoble et, à moins que ses instruments de bord n'aient été complètement déréglés ou qu'il n'ait commis une grave erreur de navigation, son plan de vol aurait dû lui faire franchir la côte française quelque part entre Saint-Raphaël et Cannes, à quelque 130 km à l'est d'Istres et de Marseille, et ne jamais s'approcher de moins de 80 km du chemin suivi par l'avion de reconnaissance allemand et son chasseur d'escorte [1].

On tenta de retrouver le capitaine Kant qui avait transmis le message original à Hermann Korth, mais sans succès. Si les archives de guerre du 2e commandement de la Luftwaffe semblent avoir été détruites durant la retraite allemande, le journal de marche du commandement aérien allemand d'Istres a survécu. En date des 30 et 31 juillet 1944, il indique d'« importantes activités de reconnaissances ennemies dans toute la zone du sud de la France ». Pas un mot à propos de l'avion de Meredith, abattu le 30. Rien non plus sur le sort du Lightning de Saint-Exupéry le lendemain.

On supposera, malgré son affirmation du contraire, que Korth s'était bien trompé de jour, parce qu'il n'avait pas inscrit l'événement Meredith en date du 30. C'est oublier un peu vite qu'il s'agissait d'un fait exceptionnel, lié à l'heure tardive. Ce carnet ne servait ordinairement qu'à des notes personnelles.

1. Cf. Curtis Cate, *op. cit.*

7

Le mythe Saint-Exupéry ne cesse de prendre de l'ampleur. On parle de suicide, de panne mécanique, de faute de pilotage, en citant seulement pour mémoire la possibilité qu'il ait été abattu par la chasse ennemie. Cette dernière supposition se heurte à un fait incontestable : les archives des armées allemande, française et américaine sont muettes sur cette question. Pas trace de combat aérien, pas d'enregistrement officiel de victoire attribuée à un pilote allemand ce jour-là sur un avion de ce type, pas de mention d'un appel de détresse de Saint-Exupéry... Les rumeurs les plus fantaisistes se développent au fil des années. Certains imaginent que l'auteur du *Petit Prince* a organisé sa propre disparition et qu'un atterrissage clandestin quelque part dans le Jura, ou en Suisse, lui a permis de se réfugier dans l'anonymat et le silence d'un monastère, loin de ce monde sur lequel il avait porté des jugements implacables...

En 1972, du nouveau, enfin ! La revue allemande *Der Landser* (Le Troufion) publie dans son 725ᵉ numéro une lettre qu'un jeune aspirant de la Luftwaffe, Robert Heichele, a écrite le 1ᵉʳ août 1944 à un ami, le lieutenant Wilhelm Manz, pilote lui aussi, abattu par deux fois au-dessus du front de Normandie...

« Alors, vieux chasseur ? Ta vie actuelle ne paraît pas très drôle en ce moment, les missions de protection du Reich contre les bombardiers et contre les chasseurs qui les accompagnent doivent être toutes très dures. Il semble que ce soit l'enfer en Normandie. Deux fois abattu en huit jours, cela doit mettre le moral à zéro. Si ça continue, tu auras bientôt une décoration pour tes sauts en parachute... »

Voilà pour l'entrée en matière.

Mais alors que l'aspirant Heichele est, avec le sergent Högel, chargé d'une mission journalière de surveillance jusqu'à la côte italienne, le voilà qui s'attribue un combat aérien victorieux sur un P-38 Lightning, le 31 juillet 1944 :

« Je pilote en ce moment un oiseau merveilleux, le Fw 190 D9. Il est équipé d'un moteur Jumo 213 à refroidissement liquide. C'est quelque chose – une puissance au décollage de 1 750 chevaux qui peut être augmentée pour une courte durée à 2 250 chevaux au moyen d'une injection d'un mélange eau-méthanol. Rapide comme une flèche, nous laissons tout le monde derrière nous.

« Hier j'ai, sans avoir la qualification chasse, descendu un Lightning en combat aérien. Et cela sans subir aucun dégât sur ma machine... »

C'est un scoop qui, quelques années plus tard, orientera les chercheurs au large de Saint-Raphaël pour y retrouver l'épave de l'avion de Saint-Exupéry...

Der Landser publie à l'appui le rapport officiel établi par Heichele à son retour de mission :

« Le 31 juillet 1944, j'ai décollé (de la base d'Orange) à 11 h 02, accompagné du sergent Högel, avec pour mission de surveiller l'activité des formations ennemies entre Marseille et Menton et l'arrière-pays. Nous avons exécuté notre mission comme prévu. Alors que nous tournions au-dessus de Castellane avant de rentrer, nous avons rencontré un Lightning P-38. C'était probablement un avion de reconnaissance solitaire.

« *Comme l'ennemi volait à 1 000 m au-dessus de nous, nous n'avions pas la possibilité de l'attaquer*[1]. À notre grande surprise, l'adversaire a changé de cap et nous a attaqués depuis son altitude à grande vitesse.

« Nous avons évité la première attaque de l'adversaire en le distançant par *une spirale en montée* grâce à notre puissance supplémentaire momentanée. Au cours du combat, j'ai réussi à me placer dans une position de tir à 150 à 200 m derrière le Lightning. J'ai tiré, mais j'étais trop en arrière. J'ai raté le P-38. Après plusieurs manœuvres, j'ai réussi à me placer de nouveau en position de tir. Cette fois-ci, la rafale a dépassé l'avion ennemi. Probablement pour éviter mon tir, le pilote a changé de direction et s'est mis à plonger. Je l'ai poursuivi et je me suis approché jusqu'à 40 à 60 m et j'ai tiré avec mes armes. Alors, j'ai vu le Lightning descendre en dégageant une traînée de fumée blanche.

« Le P-38 a survolé la côte et a volé à basse altitude vers la mer. Je continuais à le suivre. Tout d'un coup, des flammes ont jailli du moteur droit. L'aile droite a heurté la mer. L'avion a fait plusieurs tonneaux et a disparu dans l'eau. Le crash a eu lieu à 12 h 05, à une dizaine de kilomètres au sud de Saint-Raphaël. Nous sommes rentrés à notre base sans rencontrer d'autres ennemis. »

Cette révélation posthume fait désormais partie de la légende de la disparition de Saint-Exupéry. Elle illustre surtout, comme nous allons le découvrir, la grande difficulté qu'il y a, lorsqu'on enquête sur des événements aussi anciens,

1. C'est nous qui soulignons.

à ne pas se contenter d'un unique témoignage, aussi séduisant soit-il, sans le croiser avec toutes les autres sources disponibles sur le même événement. De fait, ce témoignage est à considérer avec la plus extrême prudence pour des raisons tenant à l'analyse du texte, à la cohérence historique de l'événement et... aux aveux tardifs de l'auteur de ce scoop discutable.

Dans l'ordre : Wilhelm Manz précise au rédacteur en chef du *Landser* qu'il était lieutenant à l'escadrille Udet, à l'époque. Ce n'est qu'à la mi-septembre 1944, après bien des péripéties, qu'il aurait reçu dans un hôpital militaire le courrier de l'aspirant Heichele, disparu pendant la retraite allemande après le débarquement allié en Provence. Högel est mort, également.

Manz a malheureusement « perdu » l'original de la lettre qu'il ne peut donc pas produire. Faut-il préciser que les archives de l'armée allemande n'ont pas non plus enregistré le prétendu « rapport officiel » dont nous venons de prendre connaissance ?

La publication de cet article dans une revue aussi confidentielle que le *Landser* ne fait pas de vagues l'année de sa publication. Il faudra attendre neuf ans, pas moins, pour que « l'affaire Heichele » éclate au grand jour en Allemagne, à travers des articles publiés dans la presse généraliste. La remarquable revue de l'aviation française *Icare* s'en étonne d'ailleurs en publiant le contenu de l'article original du *Landser* dans son numéro spécial (n° 96) du printemps 1981 consacré à Saint-Exupéry [1].

Une étude plus attentive des détails donnés dans la lettre et le « rapport » attribués à Heichele aurait dû pourtant mettre

1. Nous avons emprunté à *Icare* la traduction en français de la lettre d'Heichele.

la puce à l'oreille des historiens, comme des pilotes de chasse. Il faut savoir, en effet, que le Focke Wulf Fw 190 D9 monoplace, dit « Dora » ou encore baptisé « long-nez » par les aviateurs alliés, n'a été mis en service dans des escadrilles de chasse allemandes qu'en octobre 1944. Comme le note le rédacteur en chef d'*Icare*, Jean Lasserre, dans l'article qu'il consacre aux révélations Heichele, cet avion ne pouvait pas voler en juillet 1944. En revanche, précise-t-il, sur la foi des recherches de l'historien de l'aviation Jean Cuny [1], il a existé, au printemps 1944, un nombre très limité d'avions de pré-série ou de prototypes qui étaient des cellules modifiées de Fw 190 AB avec un armement et des performances différents...

Est-il crédible que des prototypes « top secret » aient été confiés, comme avions d'observation, à de jeunes aviateurs n'ayant pas encore leur qualification de pilote de chasse ? Si l'un de ces appareils était entré en possession des alliés, on imagine les conséquences négatives pour l'armée allemande, déjà fortement bousculée par le débarquement de Normandie, puis par le débarquement de Provence...

D'autres sources historiques indiquent par ailleurs que les prototypes du « Dora » étaient au nombre de trois et qu'ils étaient jalousement cachés dans le nord de l'Allemagne pendant les six premiers mois de l'année 1944.

Supposons cependant que Heichele et Högel aient vraiment volé sur ces monoplaces révolutionnaires dont les performances de vitesse, d'altitude et d'autonomie égalaient enfin celles du Lightning P-38 des Américains. Comment comprendre les passages que nous avons soulignés dans le

1. Ancien pilote de chasse, Jean Cuny a publié de nombreux ouvrages sur l'aviation de combat française, de la guerre de 1914 aux années soixante.

« rapport officiel » d'Heichele : « *Comme l'ennemi volait à 1 000 m au-dessus de nous, nous n'avions pas la possibilité de l'attaquer.* À notre grande surprise, l'adversaire a changé de cap et nous a attaqués depuis son altitude à grande vitesse. Nous avons évité la première attaque de l'adversaire en le distançant par *une spirale en montée* grâce à notre puissance supplémentaire momentanée. » Le plafond pratique, c'est-à-dire l'altitude maximum d'utilisation du Fw 190 D9, est justement de 10 000 m, comme celui du P-38... Les vitesses des deux avions sont également comparables [1]. La « surpuissance » dont parle plus loin Heichele, qui lui permet d'engager le combat, aurait pu être utilisée pour attaquer le P-38 dont l'altitude n'était pas inaccessible...

Le reste du texte permet d'exprimer de très larges doutes sur l'authenticité du témoignage, car il va à l'encontre de toutes les règles du combat aérien dont s'inspirent encore les pilotes de chasse d'aujourd'hui : « *il nous a attaqués depuis son altitude avec une grande vitesse* ». N'importe quel pilote de chasse sait qu'en combat aérien, seule l'hypothèse du « un contre un » peut laisser espérer une issue favorable à chacun des adversaires. Le « deux contre un » permet parfois au solitaire d'éliminer l'un de ses deux adversaires, mais il est en général descendu par l'autre dans le même temps. Enfin, l'élément le plus « exotique » de ce récit, le détail qui aurait dû sauter aux yeux de tous les spécialistes de l'aviation, est que le P-38 de grande reconnaissance piloté par Saint-Exupéry était... désarmé !

L'armement du Lightning avait été démonté pour laisser place aux appareils photographiques, très encombrants, qui permettaient au pilote de faire des photos verticales depuis la haute altitude, mais aussi des prises de vue à l'horizontale

1. De l'ordre de 600 km/h.

tout près du sol. Il n'est pas vraisemblable qu'un pilote, fût-il parfois distrait comme Saint-Exupéry, imagine remporter un combat en solitaire contre deux avions ennemis puissamment armés, qui plus est, à bord d'un avion de reconnaissance dépourvu de toute arme !

Enfin, mais faut-il encore le remarquer, aucun pilote de chasse ne tentera de se dégager d'un adversaire par une « montée en spirale » où l'avion, surpuissance en fonction ou pas, sera plus lent et plus vulnérable que son ennemi. Là encore, le salut ne peut venir que d'une plongée en piqué suivie d'un vol au ras du relief ou de la mer.

Ajoutons, pour en finir avec ce « témoignage », que Wilhelm Manz a fait, depuis lors, une sorte d'amende honorable. Sans toutefois confesser une volonté délibérée de tromper les lecteurs du *Landser*, il a fini par admettre, dans une lettre de 1992, qu'il avait « brodé » sur la base de données objectives. Il fait également remarquer que le magazine qui l'a publié est une revue populaire – et non historique – dont le but premier est de raconter à ses lecteurs des histoires ayant pour toile de fond la Seconde Guerre mondiale. Un rêve, en somme.

Cette confidence a été adressée par Manz à un membre de l'Ifremer[1], qui avait pris contact avec lui pour orienter ses recherches de l'avion de Saint-Exupéry :

« Désolé de ne pouvoir vous donner aucune explication supplémentaire en ce qui concerne Antoine de Saint-Exupéry. Je dois vous décevoir. Il n'y a plus aucun document. Ladite lettre[2] a disparu lors d'un déménagement avec d'autres documents qui datent de la guerre. Ce qui reste, après si longtemps, ce sont des fragments de souvenirs plutôt que des

1. L'Institut français de recherche pour l'exploitation de la mer.
2. Celle du 1er août 1944 dont il était le destinataire.

faits. La lettre et le rapport sont probablement une combinaison littéraire qui a un arrière-plan réel mais qui n'est pas "vérité historique". Donc, vous ne pouvez pas les considérer comme "documents". Cela a été montré par l'utilisation du subjonctif, sur la possibilité quc ccla "ait pu" être Saint-Exupéry...

« Après la guerre, j'ai fait des recherches sur le sort de Robert Heichele, en vain. Je n'ai retrouvé ni ses parents ni ses frères et sœurs. Il y a un an seulement, j'ai appris par un Français de Lyon qu'il avait été enterré dans un cimetière militaire, entre Lyon et Bourg-en-Bresse. Tout cela remonte si loin, il s'est creusé un fossé depuis cette époque. Cet événement dans *Landser* 725 se résume à une *composition historico-allégorique*[1] imaginée, et ne peut donner aucun point de départ ferme.

Bien à vous.

Wilhelm Manz. »

Depuis la fin de la guerre, on a recherché partout le P-38 de Saint-Ex : sud-est de la France, Alpes, gorges du Verdon, et particulièrement en Méditerranée, dans la baie des Anges, au large de Nice et de Saint-Raphaël. L'ennui, c'est que, malgré l'aveu de Manz, de nombreuses et coûteuses opérations se sont poursuivies au large de Saint-Raphaël sur la foi du « témoignage » d'Heichele :

« Je pense, précise Manz au détour de sa lettre, qu'il serait possible que Robert Heichele ait confondu la situation de Nice-Cannes-Saint-Raphaël, avec Antibes, située nettement plus à l'ouest... »

Plusieurs protagonistes que nous retrouverons au fil de ce récit, en particulier Henri-Germain Delauze, le président de

---

1. C'est nous qui soulignons.

la Comex, ou Pierre Becker, le PDG de Géocéan, ont continué à chercher durant des mois, avec un matériel électronique de pointe, l'avion de Saint-Ex dans ces parages. En vain, bien évidemment.

Au final, soixante ans de prospections infructueuses par des dizaines d'équipes françaises qui donnent tout son poids à la contribution de Luc Vanrell, le véritable découvreur des débris de l'avion du célèbre écrivain-pilote, qui gisaient par 87 m de fond, au large de la calanque de Sormiou, tout près de l'île de Riou, à quelques encablures du port de Marseille.

Le seul endroit de Méditerranée où personne n'avait jamais cherché les traces de l'un des grands mystères de la Seconde Guerre mondiale !

Mais il est temps de vous raconter comment ce plongeur et photographe professionnel, passionné d'archéologie sous-marine, a trouvé ces vestiges à une si grande profondeur. Comment il a réussi à identifier de façon certaine ces morceaux d'épave disparates, bien avant qu'on ne décide de les sortir de l'eau. Cela se fera en plusieurs actes.

8

VANRELL, ACTE I... La famille de Luc est originaire de Majorque, c'est dire qu'elle est quasiment issue de la mer. Et puis elle est venue s'installer en France au début du siècle dernier.

Luc est né en septembre 1959, à Marseille, à la Pointe Rouge. Son goût pour les fonds sous-marins lui vient de son père Tony, ancien scaphandrier, pionnier de la plongée en scaphandre autonome, archéologue amateur inventeur de plusieurs épaves gréco-romaines et qui continue à faire ses dix plongées par an à presque quatre-vingts ans. C'est lui qui lui a appris à plonger... Mais laissons plutôt la parole à Luc. Il est là, devant nous :

« La mer, tout petit, j'y passais le plus clair de mon temps. En maillot de bain, pieds nus, sur la plage, sur l'eau, dans l'eau, j'étais cuit par le soleil, noir comme du charbon. Tout ce qui touchait aux poissons, à la pêche, au monde sous-marin, me fascinait. J'ai commencé avec l'apnée. En 1965, j'ai cinq ans. Mon père me bricole une petite bouteille d'oxygène avec un robinet pour pouvoir la remplir d'air comprimé et y mettre un détendeur. Il décide de m'initier au scaphandre autonome – mais avec l'esprit des scaphandriers, c'est ainsi que mon baptême s'est accompli comme chez les « pieds lourds », la corde à la taille, mon père sur le bateau, et débrouille-toi dans les cinq mètres d'eau ! Cela se passait dans les fonds où je pêchais déjà en apnée. J'en suis sorti peu convaincu : c'était plutôt ennuyeux et inconfortable tout ce matériel. Depuis, j'ai changé d'avis...

« L'année suivante, en Sardaigne, durant l'été, j'ai trouvé ma première épave antique. Mon père la cherchait au pied d'un tombant à 40 m, et c'est moi qui l'ai découverte alors que je barbotais au-dessus, sur le plateau qui m'avait été donné comme limite à ne pas dépasser. Cela a continué comme ça au fil des ans, avec passion – et une démarche fine au plan de l'observation. Savoir apprécier ce qui peut être anormal ou insolite dans un paysage. Tout cela, je le dois à mon père.

« Plus tard, dans les années quatre-vingt, de même que deux amis, Jean-Claude Alfonso, instructeur à l'Institut national de la plongée professionnelle (INPP, école des scaphandriers), et Daniel Mageaud, instructeur pour la Fédération française d'études et de sports sous-marins (FFESSM), je me perfectionne dans des zones d'intervention profonde, notamment dans un terrain d'exercice parfait, au nord-est de Riou, au large des calanques, à 80-85 m. De jolis fonds, ce qui est plutôt rare à ces profondeurs.

« Mon père nous raconte alors que du temps où il prospectait à la recherche d'éponges et de corail, il avait aperçu un avion sur cette zone. Il en avait un souvenir assez flou. Il n'était pas allé au contact, se rappelant seulement qu'il était de grande dimension. Après la guerre, il y avait pas mal d'épaves, considérées comme sans grand intérêt. Mais l'idée me passionne. Comment la retrouver, celle-là, précisément ?

« Les plongeurs n'avaient pas de moyens électroniques, ni sonar ni positionnement. Les corailleurs prenaient un repère sur un rocher caractéristique, et dans les périodes d'eaux particulièrement claires, entre le 15 août et le 15 octobre, travaillaient dans la demi-obscurité en scrutant les différences de couleurs – des nuances de gris à cette profondeur. C'est en remontant vers la surface, après avoir pêché sous les pierres, qu'on appréhendait le rouge vif du corail. Avec ses anciens repères, mon père avait approximativement situé l'endroit, mais il faut se remettre dans le contexte de l'époque, c'étaient des pionniers, avec un matériel rustique, au scaphandre peu performant. On peut ainsi, au seul jugé du chemin parcouru, se retrouver à plus de 300 m de la cible que l'on s'est fixée.

« Pour cibler l'objectif, j'ai interrogé un vieil ami de mon père qui travaillait avec lui. Il a pu me faire un croquis de l'endroit en précisant que c'était à 87 m. Je vais aussitôt faire du sonar sur la zone, et trouve... une épave de bateau ! Un bateau moderne sans aucun intérêt, mais aussi une épave du XVIe siècle sur le site, et des vestiges romains... L'endroit est très riche sur le plan archéologique. Enfin, je découvre des débris d'avion. Et Daniel Mageaud remonte un réservoir d'oxygène américain. C'est le premier indice. Ce n'est pas grand-chose, mais l'affaire va prendre de l'ampleur en se colportant dans le milieu des corailleurs. Tout le monde, soudain, semble s'y intéresser. C'est ainsi que l'avion va devenir une légende de bistrot. On imagine une épave américaine de grande dimension. Un B-17, un quadrimoteur, pourquoi pas ?

« Daniel Mageaud et Jean-Claude Alfonso ont concentré leurs recherches sur l'épave du XVIe siècle, que Jean-Claude déclarera en 1991. Moi, je continue, parce que cela me permet d'être opérationnel par grands fonds. Je me perfectionne en photographie sous-marine en me disant que je la trouverai peut-être enfin, cette fameuse épave, qui ressemble désormais à la sardine de Marseille qui bouche le Vieux-Port.

« Je repère des débris, des débris, encore des débris, mais pas d'appareil en tant que tel. Chaque fois que je lui montre un cliché significatif, mon père me demande : “Tu es sûr que ce n’est pas l’avion de Saint-Exupéry ?” Bien sûr que oui ! Il n’est pas chez nous. À l’époque, on le cherche plus à l’est, dans la baie des Anges.

« Côté plongeurs, on rêve d’une belle carlingue, les fragments, ça n’est guère motivant, surtout à cette profondeur. Lorsque j’envoie quelques-unes de mes photos à des historiens en leur demandant s’ils peuvent m’aider, ce n’est pas non plus l’enthousiasme. “Mon pauvre monsieur, on n’a pas l’habitude de voir des pièces concrétionnées comme cela !” Et de fait, ils cherchent dans les collines et les montagnes, pas sous la mer.

« Les choses en restent là.

« Le temps passe. Je suis absorbé par ma vie professionnelle. À dix-neuf ans, j’avais fondé avec mon père une société de fabrication et vente d’articles de plongée, qui deviendra plus tard la société Immadras, que je dirige, spécialisée dans les interventions en milieux sous-marins et extrêmes et dans la photographie subaquatique. Mon expérience technique me rapproche des milieux scientifiques, biologiques et archéologiques surtout.

« À partir de 1994, une grande partie de mes activités se centre sur l’archéologie, pour le compte du ministère de la Culture, notamment sur la grotte Cosquer, qui me ramène dans ma zone de recherches. C’est un site paléolithique dont l’entrée est sous-marine, en siphon, située à moins 37 m dans la calanque de la Triperie, à Marseille, près du cap Morgiou. Lors de la dernière glaciation, son entrée se trouvait à 5 km du rivage et à peu près à 90 m d’altitude. Aujourd’hui elle est à 37 m sous la surface. Elle porte le nom d’Henri Cosquer, le plongeur qui l’a déclarée en 1991. Depuis, elle a livré plus de quatre cents figures pariétales correspondant à deux phases d’occupation au cours du paléolithique supérieur, entre –27000 et –19000 avant notre ère. Un couloir long de 116 m conduit à deux salles communicantes, partiellement exondées. La phase la plus ancienne comporte surtout des tracés digitaux et des mains négatives noires et rouges (soixante-cinq inventoriées). La seconde phase présente des peintures et des gravures d'animaux (environ cent soixante-dix-sept), chevaux, bouquetins, bisons et aurochs accompagnés de chamois, de cervidés ainsi que d'une tête de félin et d'une antilope saïga. La présence d'animaux marins, phoques et pingouins, est exceptionnelle.

« C'est pour moi une occupation et une passion à plein temps, où j'arrive tôt le matin et d'où je repars à la nuit. Je travaille dans l'eau et en milieu souterrain, avec une équipe restreinte, tandis qu'à la surface passent les navires des pêcheurs.

« Et Saint-Exupéry ? J'ignore absolument que je viens de me rapprocher de lui ! »

Fin de l'acte I. Voyons maintenant ce qui s'est passé chez les chercheurs qui, eux, visent depuis des années l'avion de l'écrivain.

9

La guerre a laissé sur terre comme dans la mer de nombreuses épaves, dont certaines demeureront à jamais anonymes. Posés ou écrasés sur terre, les avions ont été désossés par les ferrailleurs : l'aluminium est une denrée rare, que l'on peut recycler. Quant aux appareils disparus corps et biens, ils sont désormais enfouis dans le sol...

Les Lightning abîmés en mer, couverts de concrétions, sépultures de pilotes disparus, font l'objet de très strictes réglementations quant à leurs exploration et exploitation. En Méditerranée surgit périodiquement le spectre de Saint-Exupéry. En 1983, notamment, avec le renflouement d'un Lightning, mais c'est celui d'un pilote américain, Thomas Maloney, du 1st Fighter Group, qui a pu évacuer son avion. La plupart des pilotes meurent au combat, reposant à jamais dans la mer, tandis que d'autres en ont réchappé et sont rentrés aux États-Unis. Dix ans plus tard, en 1993, on repère une masse informe contenant de l'aluminium et de la visserie de Lightning dans le golfe de Giens, et l'on reparle de l'auteur du *Petit Prince*, quand l'amiral Faugère annonce la découverte dans ce secteur d'une sacoche contenant un jeu d'échecs, une carte, des crayons et même un journal corse du 31 juillet 1944... On se perd en conjectures : l'échiquier de Saint-Exupéry se trouvait dans sa chambre d'officier, à Borgo. Il figure dans l'inventaire de ses effets personnels établi en janvier 1945, réclamés à l'armée de l'air par sa mère. Aurait-il eu deux échiquiers, dont un à bord de son avion ?

C'est à cette époque que l'historien Philippe Castellano, fondateur de l'association Aéro-Re.L.I.C, à La Napoule, commence à s'intéresser à l'énigme. Malgré son jeune âge – il a alors tout juste trente et un ans –, c'est un grand spécialiste de la localisation et de l'étude des sites d'avions de guerre abattus dans le sud de la France, en mer, en rase campagne ou en montagne. Il est en contact avec l'Ifremer, soutenu pour les opérations concernant Saint-Exupéry par la société de champagnes Roederer. Son premier travail d'investigations sous-marines ciblant l'avion de Saint-Ex commence au mois de janvier 1994, en baie de La Ciotat, à l'est de Cassis.

Toute l'équipe se retrouve à la verticale du site où repose, par 32 m de fond, l'épave d'un chasseur P-38 Lightning ramenée par un chalutier au nord-est de l'île Verte. De nombreuses plongées sont effectuées pour localiser une plaque, un numéro de matricule, mais l'épave, qui repose sur le dos, est en bien trop mauvais état pour livrer ses secrets. Quasi méconnaissable même, déchirée, tordue et couverte de nombreux vestiges de chalut.

Il ne faudra pas moins de trois ans à Aéro-Re.L.I.C pour obtenir des Affaires maritimes des Bouches-du-Rhône l'autorisation de relever l'appareil afin d'avoir accès à sa partie cockpit.

En aura-t-on assez parlé, de La Ciotat, avec le fantasme d'y trouver enfin la fameuse épave ?

« C'est là, le 10 mai 1997, raconte Philippe Castellano, que je fais la connaissance de Pierre Becker, et d'un patron pêcheur marseillais, nommé Jean-Claude Bianco. »

L'Horizon, chalutier bleu et blanc qui sert de ponton sur le site de recherche, appartient aux frères Jean-Claude et Robert Bianco. Aéro-Re.L.I.C travaille en collaboration avec une équipe de plongeurs de Toulon, passionnés d'archéologie, le GRAN[1]. « Nous commençons notre étude sur l'épave du P-38 de La Ciotat, mais rien ne permet de l'identifier. »

Durant l'opération de retournement, l'épave s'est brisée en trois morceaux. Les moteurs de type V-12 Allison, ainsi que leurs hélices tripales, ont disparu. Les plongeurs ont également été intrigués par le train d'atterrissage qui semblait verrouillé en position de sortie, configuration qui ne correspond guère à une tentative d'amerrissage forcé. Faute d'éléments « parlants », impossible de savoir s'il s'agit d'un appareil armé ou d'un avion de reconnaissance photographique.

En décembre 1997 et janvier 1998, Castellano poursuit ses investigations. Tout l'appareil radio est retrouvé, ainsi qu'une cagoule de pilote, une pièce rectangulaire ressemblant à un briquet Zippo, et des lambeaux de coton kaki délavés par la mer.

À cette époque est également retrouvé en baie de La Ciotat un autre P-38, en très bon état. Il a immédiatement été attribué par son inventeur, le plongeur Marcel Camilleri, à un pilote américain, le sous-lieutenant Harry Greenup, qui volait en patrouille avec un autre pilote de l'US Air Force, le sous-lieutenant James Riley. Les deux appareils ont été abattus au même moment, le 27 janvier 1944. La Luftwaffe a revendiqué pour ce même jour trois victoires sur des P-38.

Le sous-lieutenant Greenup a pu amerrir sain et sauf, son avion a coulé, et il a été fait prisonnier par les Allemands. James Riley, lui, a été englouti avec sa machine. Fort de cette découverte historique, Castellano croit pouvoir attribuer « son » mystérieux P-38 à Riley. Ce n'est pas une identification, mais une déduction...

1. Groupe de Recherche en Archéologie navale.

Les mois passent. Aéro-Re.L.I.C ne trouve rien de particulier se rattachant à Saint-Exupéry. Mais Castellano demeure sur le qui-vive, attentif à toutes les nouvelles.

En septembre 1998, survient enfin la Découverte, avec un grand D !

Elle va faire la une des journaux. Le héros de cette aventure est le pêcheur marseillais Jean-Claude Bianco. Cela fait combien de temps qu'il sillonne les mers ? Trente ans ? Quarante ans ? Il n'est pas très loin de la retraite, toujours aussi dur à la peine, hardi au travail. Jamais il n'aurait imaginé se retrouver sous les feux de la rampe, et pourtant ! Voici les détails de ce jour mémorable...

Lundi 7 septembre, 5 heures du matin, l'équipage de *L'Horizon* largue les amarres de son port d'attache de Saumaty, à l'Estaque, à l'ouest du Vieux-Port de Marseille. Un fort vent d'est porteur de nuages noirs souffle sur une mer démontée. La pêche, c'est un métier. Pas question d'avoir des états d'âme... Naviguant sud-est en direction de l'archipel de Riou, on prépare la mise à l'eau du filet. L'île calcaire de Jarre est dépassée, suivie de Riou, la plus grande de l'archipel. Vent debout, le chalutier est mis au point mort après une heure et demie de mer devant « les Impériaux », des rochers isolés. On ne distingue pas la côte, située à moins de deux milles marins.

À l'avant, dans la cuisine de bord, l'équipage boit un café chaud tandis qu'au poste de commandement, Jean-Claude et son second, Habib Benamor, pestent contre le mauvais temps. Un trait de chalut est prévu d'ouest en est (cap magnétique 120) jusqu'à Cassidaigne, balise-phare située face au sémaphore du Bec de l'Aigle, à moins de deux milles au sud-ouest de l'île Verte de La Ciotat. Puis retour au point de départ (cap 270), sondeur calé sur la profondeur de 120 m.

Un coup de corne de brume avertit les hommes de se mettre à l'ouvrage. Les deux câbles latéraux des rouages du haut portique, à l'arrière du bateau, sont déroulés, tandis que le chalut et les deux panneaux divergents reposent déjà au fond.

« On ne chalute pas n'importe où, explique Philippe Castellano. Même à des profondeurs et distances des côtes réglementaires, certaines zones sont interdites. Soit parce qu'elles sont militaires, soit parce que des épaves dangereuses s'y trouvent : blocs de béton, bateaux, avions, mines, etc. »

C'est ainsi que les hasards de la mer ont conduit *L'Horizon* a remonter des mines à orins[1] allemandes – qui seront « pétardées » par des démineurs –, des amphores romaines, des bouteilles de plongée perdues, de vieux morceaux de ferraille, des vestiges d'avions, de bateaux de toutes les époques, un nombre incalculable de pneus, un cadavre de bicyclette, des boîtes de conserve, etc.

Plein ouest, cap sur l'archipel de Riou, direction Planier, petite île surplombée d'un phare, au large de Marseille. Virage sur bâbord à 180°. *L'Horizon* file vers Cassidaigne où sera relevé le chalut. Sous une pluie battante, le treuil hydraulique est activé. Le filet n'est pas plein. La cargaison de poissons frétillants est déversée sur le pont, en même temps que des détritus : pneus, bouteilles, débris métalliques... Retour vers le port. Les marins rejettent par-dessus bord les trop petites prises, stockent les poissons dans des bacs. Le second, Habib, saisit une concrétion noirâtre. Il va la rejeter à l'eau quand son œil est attiré par un point brillant. Un bijou, peut-être ? Il place l'objet dans un étau, brise la gangue avec un petit marteau. Une odeur nauséabonde s'en dégage. Au cœur du magma putréfié – concrétions et frag-

1. Câbles qui maintiennent une mine immergée.

ments de tissu – apparaît un bracelet brisé, avec une plaque d'identité noircie. On dirait de l'argent.

L'Horizon approche du port.

– Tout va bien à l'arrière ? demande Jean-Claude Bianco.

– Regarde ce que j'ai trouvé, répond son second.

Quelques minutes plus tard, dans la cuisine de bord, frottée et nettoyée, la plaque révèle un prénom : *Antoine*. Jean-Claude s'esclaffe :

– Sans doute un pêcheur local. Ça ne m'étonne pas, les Antoine ont toujours tout perdu !

C'est son second prénom, tout comme celui de feu son grand-père. Mais saint Antoine de Padoue est aussi celui qui retrouve tout, pour peu qu'on lui adresse des prières. Soudain apparaît le nom tout entier : *Antoine de Saint-Exupéry*...

– Eh bien ! On a gagné le gros lot !

On lit ensuite *Consuelo*, le prénom de l'épouse de l'écrivain, suivi de cette mention : *C/O Reynal and Hitchcock Inc. 386 4th Ave. N.Y.C. U.S.A.* : les coordonnées des éditeurs américains du *Petit Prince*. Jean-Claude Bianco ne peut connaître ce détail, qui authentifie sa découverte. Il demande à Habib s'il y a d'autres vestiges dans le filet. Le second répond qu'ils ont été rejetés à la mer, comme d'ordinaire, après rinçage du pont.

Lors de l'opération sur l'épave du P-38 de La Ciotat en 1997 avec Castellano, Jean-Claude a pris conscience de la nécessité de conserver l'ensemble des vestiges si l'on veut y retrouver de possibles références. Il donne donc l'ordre à ses hommes de ne plus rejeter à la mer les éventuels objets métalliques remontés dans les filets...

Que faire de cette gourmette ? Jean-Claude se rend à la criée du port, où son frère vend la pêche. Ils n'ont pas le temps d'en parler. De retour chez lui, il raconte l'histoire à sa femme, Michèle. Réflexe premier : il offrira ce bijou à son petit-fils pour qu'il garde un souvenir particulier de son grand-père... Mais elle lui conseille de plutôt prendre contact avec des personnes connaissant l'histoire de Saint-Exupéry.

Jean-Claude appelle son ami Pierre Becker, directeur de Géocéan, société de travaux sous-marins sise à Aubagne. La secrétaire l'informe que son patron est en Indonésie, sur un chantier de gazoduc sous-marin où un accident vient de se produire. Bianco se tourne alors vers Henri-Germain Delauze, patron de la Comex, située à Mazargues, à cinq minutes de chez lui. Le soir même, il le joint par téléphone et lui annonce avoir trouvé une gourmette en argent au fond de la mer.

– Effectivement, observe Delauze, ce n'est pas très courant. Et alors ?

– Figurez-vous que sur la plaque est gravé le nom d'Antoine de Saint-Exupéry...

Silence à l'autre bout du fil.

– Monsieur Delauze, vous êtes toujours là ?

– Euh... oui ! Vous pouvez répéter ?

Rendez-vous est fixé dès le lendemain, 8 septembre 1998, au siège de la Comex. L'épave du Lightning doit certainement reposer dans le secteur Riou-Cassis. Delauze envisage d'entreprendre immédiatement des recherches. Avant de raccrocher, il s'exclame :

– On sablera le champagne avec le président Chirac, et on rentrera à Marseille... vous avec la gourmette, moi avec l'avion !

Le lendemain, milieu de matinée, Bianco arrive. Henri Delauze le reçoit en compagnie de sa fille, Michèle Fructus, directrice générale de la société, ainsi que de sa secrétaire.

Après avoir scruté l'objet, Delauze propose à Bianco un protocole d'accord pour les investigations à venir :

« – La découverte ne peut, en aucun cas, constituer un dossier à caractère commercial vis-à-vis de la famille Saint-Exupéry. Ce dossier sera traité dans un contexte éthique irréprochable.

– Les deux parties coopéreront pour la recherche et l'identification formelle de l'épave, M. Delauze apportant, à la demande de M. Bianco, des moyens modernes de recherches sous-marines.

– Une fois la découverte confirmée, les deux parties seront co-inventeurs de l'épave et confieront exclusivement à M. Delauze :

1) Les relations extérieures avec la famille de Saint-Exupéry, les autorités françaises et les médias.

2) Les relations et accords avec les sponsors en vue de chercher une compensation aux dépenses qui auront été engagées par les deux parties pour la recherche et l'identification de l'épave.

– Les deux parties s'engagent à la plus stricte obligation de confidentialité jusqu'à la confirmation et l'annonce aux médias de la découverte. »

Les deux hommes s'accordent pour que la déclaration de la gourmette – cette dernière étant confiée à la Comex – ne soit officiellement faite qu'une fois l'épave de l'avion retrouvée. Connaissant les médias, Delauze sait qu'en cas contraire il ne lui serait plus possible d'effectuer sereinement ses recherches.

C'est la raison majeure pour laquelle Bianco et Delauze vont tarder à rendre publique la découverte du bijou.

« Quoi que l'on pense à ce niveau de l'histoire, commente Philippe Castellano, une chose est certaine : le protocole, bien qu'officieux, confirmait qu'aucun des deux hommes n'avait l'intention de cacher ou de détourner quoi que ce soit et à qui que ce soit dans cette affaire, puisque dans tous les cas, le bijou serait déclaré à un moment donné ou un autre. »

En accord avec Bianco, Delauze dépose la gourmette dans son coffre personnel. Le moment venu, et avant toute déclaration aux médias, il informera les ayants droit d'Antoine de Saint-Exupéry.

C'est Frédéric Giraud d'Agay, petit-neveu de l'écrivain, qui représente à cette époque la famille. Il est le fils de Jean Giraud d'Agay, lui-même l'un des fils de Gabrielle de Saint-Exupéry, décédée à Fréjus le 4 août 1986, la plus jeune sœur, et seule de la fratrie Saint-Exupéry à avoir eu des enfants. Frédéric gère les avoirs et droits d'auteur de la succession Saint-Exupéry-d'Agay par le biais de la Société pour l'œuvre et la mémoire d'Antoine de Saint-Exupéry.

Delauze a, par ailleurs, informé les hautes autorités administratives maritimes de l'existence du bijou, ainsi que de celle du protocole entre lui et Bianco, afin de justifier les futurs va-et-vient du bateau de la Comex, le *Minibex*... La loi française dispose que suivant son intérêt, qu'il soit d'ordre culturel ou historique, toute découverte doit être déclarée aux Affaires maritimes dont dépend la zone concernée (on dit « quartier ») sous 48 heures. Le déclarant se voit alors attribuer le titre d'« inventeur », avec possibilité de récompense, suivant la valeur de sa découverte.

La gourmette n'a de valeur fiduciaire que son poids en argent. Sa valeur culturelle est discutable. Historique ? Assurément... Comme il s'agit d'abord d'un objet personnel ayant appartenu à un militaire en mission, il est certain que, sur ce point, les autorités françaises pourront morigéner le patron pêcheur de ne pas l'avoir déclaré dans les délais légaux.

Mais pour l'heure, Bianco vit dans une sorte de rêve.

Le 9 septembre 1998, *L'Horizon* repart dans la zone approximative de découverte pour tenter de récupérer les débris et concrétions – peut-être des morceaux d'avion ? – rejetés à la mer deux jours plus tôt.

De fait, deux vestiges d'origine aéronautique d'environ 50 cm, comportant une série de rivets en aluminium, sont remontés dans le filet ! Il semble de plus en plus évident que l'épave du F-5B numéro 42-68223 repose dans les parages...

Delauze les récupère. Tandis qu'il se prépare à sonder le site de crash supposé, *L'Horizon* repart pêcher au chalut, plein sud, au large de Marseille. Nouvelle trouvaille : un fragment d'aluminium ! 50 cm de long, 15 de large, 5 d'épaisseur avec un bord d'attaque et de fuite. Delauze est enchanté. Cette découverte va orienter la suite des opérations vers le secteur des calanques et l'île de Planier.

C'est alors que Philippe Castellano entre en scène...

10

16 septembre 1998, 8 heures du matin, à peine le président d'Aéro-Re.L.I.C a-t-il poussé la porte de son bureau, que le téléphone sonne. C'est Pierre Becker, le directeur de Géocéan, qui est rentré d'Indonésie.

– Bianco m'a dit qu'il avait trouvé un bijou gravé au nom de Saint-Exupéry. Delauze est en mer, à la recherche de l'épave de son P-38. Ce ne devrait plus être qu'une question de jours. On a besoin de tes services...

Rendez-vous trois jours plus tard chez Delauze, avec Becker et Bianco.

« Pierre tient à ce que je sois impliqué avec Aéro-Re.L.I.C dans cette affaire, eu égard au travail déjà effectué sur les sites et à notre documentation technique. »

Premier contact cordial avec le PDG de la Comex. Delauze va chercher la gourmette. Il la sort d'une petite pochette en peau de serpent rouge, la tend à Becker qui l'examine, puis la remet à Castellano.

« Curieux effet que d'avoir au creux de ma main cet objet si chargé d'histoire. Incroyable aussi, le poids du mythe reposant sur quelques grammes de métal précieux. La chaîne est brisée au-delà du premier maillon partant du côté droit de la plaque gravée, de dimension réduite, mais assez épaisse. »

La zone fouillée pour l'heure par Delauze, entre Marseille et Cassis, est chalutée de long en large. L'épave présumée du

P-38 de Saint-Exupéry doit sûrement être en miettes, malmenée depuis des lustres.

Dans cette zone ont aussi été perdus corps et biens en janvier 1944 un P-38, un P-47, un P-51, sans oublier deux compagnons d'escadrille du commandant de Saint-Exupéry, les lieutenants Henri Ray et Raoul Agliany. C'est un vaste cimetière marin parsemé d'appareils tombés avant, pendant, et après la guerre.

« Ce n'est qu'une question de jours ! » s'était exclamé Becker, tout à son enthousiasme. Voire. Durant les mois qui vont suivre, Castellano, Becker, Bianco et Delauze alterneront les espoirs et les déceptions : de nombreuses pièces d'avion, mais aussi des fragments de bateaux. Chaque jour qui passe donne l'impression d'évoluer dans le brouillard.

Fin octobre 1998, Castellano restitue l'ambiance dans son journal de bord : « Au moment où ces lignes sont écrites, il m'est impossible d'imaginer une hypothèse vraiment constructive. Cette nuit, je n'arriverai pas à fermer l'œil. »

De manière obsessive, il s'interroge :

1) Pourquoi l'épave de notre Lightning ne serait-elle pas au final dans la zone de la baie de La Ciotat ? Il y a déjà deux P-38 ici, tandis qu'un bimoteur, d'après les anciens de La Ciotat et le patron pêcheur qui a relevé l'épave du sous-lieutenant américain James Riley, reposerait vers les 60-70 m de fond devant le cap du Bec de l'Aigle. Alors ?

2) Généralement aussi, il faut s'éloigner d'un site de crash (terrestre) pour retrouver des vestiges. C'est justement ce qu'a fait Delauze à ce jour, d'après les données approximatives du lieu de pêche de la gourmette. Pourquoi alors ne pas se rapprocher des terres ? Tout cela n'est que théorique, bien sûr, mais...

Tandis que Castellano tourne et retourne ces conjectures, la presse locale, elle, commence à flairer l'affaire. Le 26 octobre, la nouvelle filtre pour la première fois dans *La Lettre Sud-Infos*. À la rubrique « Rumeurs », il est fait état de la découverte d'un bijou ayant appartenu à Saint-Exupéry, et qui aurait été remis à la Comex par un marin pêcheur de Marseille... L'information est bientôt relayée à la radio par France Info.

Henri Delauze est contacté par Europe 1. Que faire d'autre, sinon dire la vérité ?

La réaction des ayants droit ne tarde pas. Frédéric Giraud d'Agay l'appelle au téléphone. Le ton est sec. Le petit-neveu de Saint-Ex accepte le principe d'une rencontre, mais pour prendre livraison du bijou.

Réaction de Delauze :

– Vous l'aurez effectivement entre les mains, mais vous ne repartirez pas avec. Je n'en suis pas l'inventeur, et c'est à l'administration maritime de vous le remettre, dans la mesure où il vous appartiendrait de droit.

À l'issue de cet échange verbal arrive par fax à la Comex un message à l'en-tête de la Société pour l'œuvre et la mémoire d'Antoine de Saint-Exupéry :

« Les héritiers viennent d'apprendre avec une grande surprise la découverte de la gourmette de notre oncle. C'est pour nous une grande émotion, et la première et seule preuve que son avion soit tombé dans la mer au large des côtes provençales.

« Nous aurions été sensibles à un coup de téléphone de votre part ou à un courrier pour nous avertir de cette découverte d'un objet purement familial, même s'il est historique, avant la presse. Il me paraît tout à fait nécessaire que nous nous rencontrions pour identifier formellement cette gourmette selon les indications familiales que nous avons, et sur la poursuite éventuelle des recherches de l'épave de l'avion d'Antoine de Saint-Exupéry.

« Signé : Frédéric Giraud d'Agay. »

Trois jours plus tard, *Nice-Matin* se fait l'écho des ayants droit : « Laissons Saint-Exupéry reposer en paix ! »

30 octobre 1998, la nouvelle piste étudiée pour l'appareil se trouve dans tous les journaux, ce qui inquiète au plus haut point Castellano : la présence d'une épave de P-38 non identifiée dans la rade de La Ciotat risque d'attirer des plongeurs passionnés sur le site, alors que les plaques d'identification gisent peut-être encore alentour.

Depuis la découverte de la gourmette, Castellano est à la fois excité et perplexe. Il songe à remettre en question son travail d'identification de l'appareil attribué à Riley quelques mois plus tôt. Par ailleurs, comme on n'a retrouvé aucune arme ni munition sur le site ni à proximité, on peut imaginer qu'il s'agit d'un P-38 de reconnaissance, tout comme celui de Saint-Ex...

Du côté de Marseille, c'est l'enthousiasme. Le maire Jean-Claude Gaudin félicite Delauze et se déclare prêt à accueillir la gourmette dans un musée. Mais comme la succession Saint-Exupéry vient de déposer une sommation pour qu'elle soit remise à Frédéric Giraud d'Agay sous 24 heures, avec menaces de contraintes par toutes les voies de droit, le patron de la Comex décline courtoisement l'offre : « Sur ordre administratif, nous avons remis ce bijou aujourd'hui même à M. Bottala-Gambetta, directeur départemental des Affaires maritimes des Bouches-du-Rhône. L'administration nous a par ailleurs enjoints de cesser toute recherche de l'avion qui serait un bien militaire. De mon côté, je concevais plutôt cela comme un objet plus historique que militaire, mais... »

Un récépissé de biens culturels maritimes (n° 523) a été adressé à la Comex certifiant qu'« une gourmette en argent susceptible d'avoir appartenu à Antoine de Saint-Exupéry, ainsi que cinq fragments d'avions présentant des traces de concrétions ont bien été réceptionnés ». Le bijou sera transmis au ministère de la Défense pour expertise par les laboratoires des Musées de France... Ce qui n'empêche nullement le malheureux Bianco d'être tracassé par les autorités pour non-déclaration dans les délais légaux.

Castellano se souvient en souriant de son interrogatoire à la gendarmerie maritime du Pharo. Agacé de devoir rendre des comptes comme un vulgaire voleur de poules, le pêcheur marseillais a décidé de déclarer tout ce qu'il remonterait désormais dans son filet. C'est ainsi qu'il est entré dans la gendarmerie avec un grand sac poubelle contenant des dessous féminins. Deux jours auparavant, *L'Horizon* avait ramené dans son chalut ledit sac contenant un échantillonnage de petites culottes en dentelle.

L'un des gendarmes : Qu'est-ce que c'est ?

Jean-Claude : Hé quoi ? Vous n'en avez jamais vu de votre vie ?

L'autre le menace illico d'un rapport pour outrage à officier dans l'exercice de ses fonctions. Un deuxième gendarme l'avertit que s'il continue, il risque d'avoir une visite quotidienne à bord de son bateau... Tout finira bien, évidemment. Et tant que Bianco sera en activité, *L'Horizon* saluera d'un coup de corne de brume la vedette de la gendarmerie maritime.

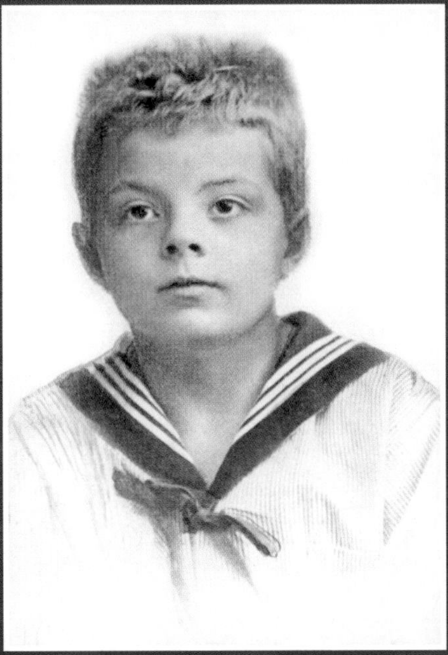

Antoine de Saint-Exupéry vers 5 ans.

L'aviateur dans les années trente.

L'écrivain en 1937.

Saint-Exupéry à Cap Juby dans les années trente.
© Collection particulière

Affiche publicitaire pour les liaisons vers l'Afrique du Nord de l'Aéropostale. Saint-Exupéry fut engagé à l'Aéropostale en 1927. © Collection particulière

Atterrissage de Saint-Exupéry. Au premier plan, René Gavoille.
© Rue des Archives/John Philips

Photo aérienne de Marseille Sud. Au premier plan, le petit quartier de pêcheurs des Goudes. Au dernier plan, l'île de Riou. © Luc Vanrell 1995

Le chalutier *L'Horizon* de retour de pêche. À l'arrière-plan, on aperçoit l'îlot du Grand Congloué et à droite l'île de Riou. Sous le portique est suspendu l'un des deux panneaux divergents qui maintiennent la bouche du chalut ouverte. Ces pièces de fonte de 800 kg sont de véritables hachoirs pour les frêles épaves d'avions.
© Jean-Claude Bianco 1998

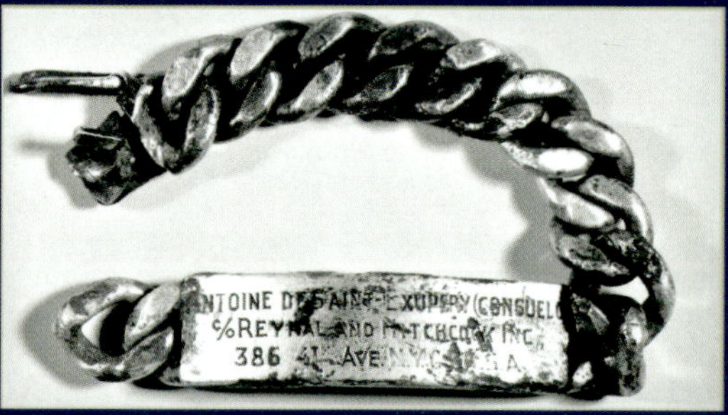

Gourmette en argent repêchée entre la calanque de Sormiou et l'île de Riou à Marseille, par le chalutier *L'Horizon* du patron pêcheur Jean-Claude Bianco. On peut y lire : « ANTOINE DE SAINT-EXUPERY (CONSUELO) - c/o REYNAL AND HITCHCOCK INC. - 386 4TH AVE. N.Y.C. U.S.A. »
© Alexis Rosenfeld 1998

La pièce tenue par le plongeur, caractéristique d'une version évoluée du Lightning, va dans le sens logique de la confirmation de l'identification du F-5 B N°42-68223. © Luc Vanrell

Cette jambe d'atterrissage, caractéristique d'un Lightning de dernière génération, a permis de confirmer le type de l'avion concerné, et dirigera par la suite vers une identification définitive. En effet, Antoine de Saint-Exupéry pilotait l'unique Lightning de version évoluée qui a pu disparaître sur le secteur Marseille-Toulon. © Luc Vanrell

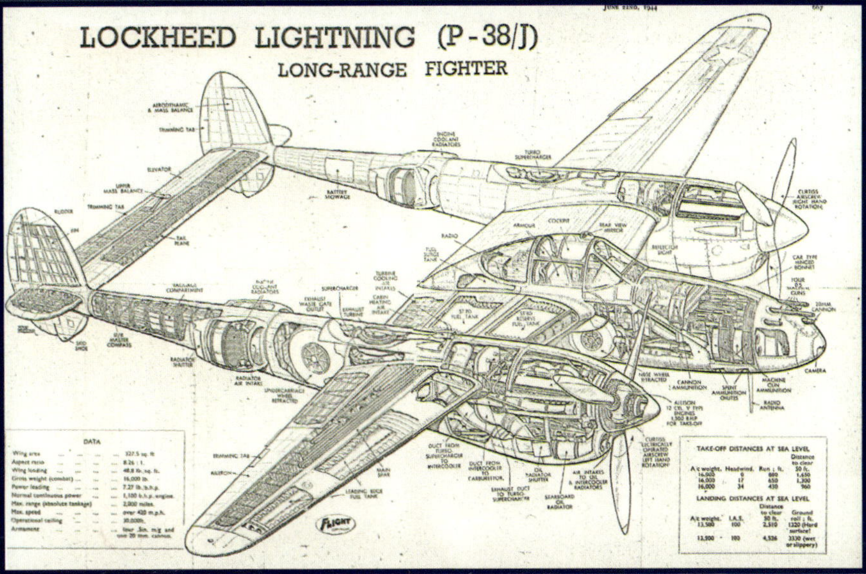

Cet éclaté du P-38 J a été envoyé par Jack T. Curtis (ancien pilote de chasse sur du 367th Fighter Group) et de son ami Gil Ceffarat (Lockheed company). Luc Vanrell ne s'en est pas séparé de 1998 à 2000. À terre ou sous l'eau il fut son mémento. © Luc Vanrell.

Le Lightning de grande reconnaissance F-5 B matricule 42-68223 sur lequel a disparu le commandant Antoine de Saint-Exupéry le 31 juillet 1944. © Patrice Gaubert

Messerschmitt Bf 109 F-2 modifié en F-4 (werk nummer 8085) codé « 12 rouge » sur lequel a disparu Alexis prince de Bentheim et Steinfurt en combat aérien le 2 décembre 1943. Les vestiges de cet avion reposent à l'endroit même où furent localisés les restes du F-5B piloté par Antoine de Saint-Exupéry. © Helmut Schmidt 2007

L'Obergefreiter (caporal) Horst Rippert.
© Collection Horst Rippert

Rayons d'action des Lightning de grande reconnaissance.
© Collection Luc Vanrell - source II/33 Belfort

Cette sépulture sommaire fut découverte par le docteur Albert en 1965 sur l'île de Riou. Le squelette semble correspondre à celui d'un homme de 20 à 25 ans, de 1,77m, présentant un fort prognathisme et ayant subi d'importants traumatismes, cause vraisemblable de sa mort. Ces caractéristiques morphologiques rappellent celles du prince Alexis de Bentheim et Steinfurt, jeune pilote allemand perdu en mer sur ce secteur. Ces vestiges humains ont aujourd'hui disparu en quasi-totalité. Une étude d'identification est néanmoins en cours, sans grand espoir de trancher définitivement entre l'un de nos deux pilotes disparus et un inconnu.
© Dr Albert 1965 / Collection Michèle Waismann

Horst Rippert était pilote de chasse sur Messerschmitt Bf 109 et dépendait, en juillet 1944, du JGr200. Le 31 juillet 1944, il abattait un Lightning en mer entre Toulon et Marseille. © Collection Hans Fahrenberger 1945

Remontée du moteur DB601 E provenant du Messerschmitt Bf 109 de Riou renfloué pour étude. © Anne Delhomme 2006

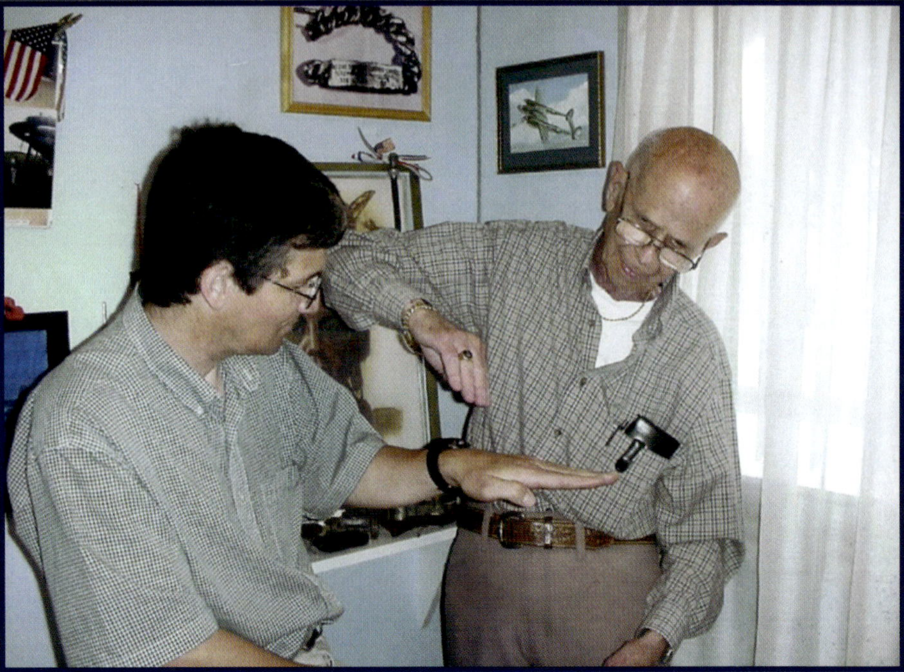

Jack T. Curtis, ancien pilote de P-38 Lightning pendant la Seconde Guerre mondiale (376th Fighter Group) explique à Philippe Castellano une des méthodes d'attaque préconisée contre les chasseurs ennemis. © A. Duranstandi

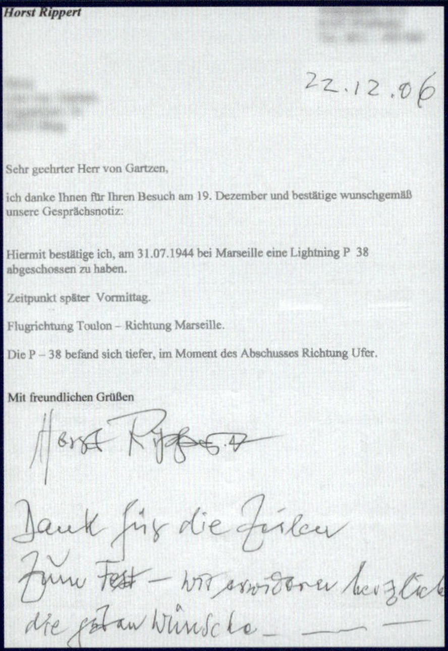

Horst Rippert

22.12.06

Sehr geehrter Herr von Gartzen,

ich danke Ihnen für Ihren Besuch am 19. Dezember und bestätige wunschgemäß unsere Gesprächsnotiz:

Hiermit bestätige ich, am 31.07.1944 bei Marseille eine Lightning P 38 abgeschossen zu haben.

Zeitpunkt später Vormittag.

Flugrichtung Toulon – Richtung Marseille.

Die P – 38 befand sich tiefer, im Moment des Abschusses Richtung Ufer.

Mit freundlichen Grüßen

Horst Rippert

Dank für die Zeilen zum Fest – wir erwidern herzlich die guten Wünsche –

Après un refus catégorique de révéler publiquement son secret, Horst Rippert acceptera enfin de nous rédiger ce premier document qui sera, dans un premier temps, déposé chez son notaire (Cf. Annexe 3). © Collection Lino von Gartzen

Luc Vanrell. L'étude documentaire a représenté la part la plus longue de toutes les recherches. © Rosenfeld / Luc Vanrell 1999

11

VANRELL, ACTE II. Où nous retrouvons notre ami Luc.

En 1998, il poursuit ses activités à la grotte Cosquer [1]. C'est ainsi qu'en septembre-octobre, il voit d'un assez mauvais œil certains bateaux croiser dans les parages...

« Oui, je repère Bianco, avec son chalutier. *L'Horizon*, c'est un navire de 25 m, fabriqué en Espagne, avec 900 chevaux de machines, des panneaux divergents qui tiennent le chalut ouvert. Des lames de 900 kg, un véritable hachoir. Bianco [2] ne m'en voudra pas, mais parlons net, à l'époque, il fait partie de ces pêcheurs qui détruisent les fonds marins en les raclant avec leur terrible chalut. Les pêcheurs peuvent avoir une notion plutôt théorique des zones sur lesquelles ils sont autorisés à opérer. Et comme les épaves concentrent beaucoup de poissons, il est avantageux de traîner son chalut à côté...

« Je vois donc *L'Horizon* croiser de Sormiou en direction de Planier, en frôlant Riou, dans la zone approximative des

---

1. Luc Vanrell participe à la campagne scientifique de 1994 à la grotte Cosquer, puis est chargé, par le ministère de la Culture, de toutes les interventions qu'y sont menées de 1995 à aujourd'hui. Il est le responsable scientifique des campagnes 2001, 2002, 2003 et 2004, et le coauteur avec Jean Clottes et Jean Courtin de l'ouvrage de référence *Cosquer redécouvert* (Seuil, 2005).
2. Aujourd'hui à la retraite, Jean-Claude est un ami précieux.

100 m, limite de son autorisation d'intervention. Si une épave de cargo se trouve sur sa route, il déchirera son chalut. Si c'est un avion, structure légère par définition, le chalut le ratissera sans problème, le démembrera et en remontera des bouts.

« Tandis que je travaille à l'équipement de la grotte, après *L'Horizon*, je vois arriver le *Minibex* dans les jours qui suivent. Tiens ? Que vient faire la Comex ici ? Des exercices, des essais de sous-marins ?

« Je suis très copain avec l'un de ses spécialistes, Ivan, d'origine russe, que tout le monde à Marseille surnomme bien évidemment Popov. Nous échangeons des informations. On discute de mes recherches de jadis. Il me dit d'arrêter de me ruiner la santé à plonger si profond. Dans ces eaux-là, même en faisant des recherches au sonar latéral par sous-marin ainsi que par sonar du *Minibex*, en ratissant tout, on ne trouve rien !

« Je lui réponds : tu m'étonnes, il y avait bien l'épave du bateau du XVIe siècle, difficilement repérable, et celle du bateau moderne qui mesurait environ dix mètres... La forte pente du fond et la proximité du relief rocheux sont, de fait, peu favorables au sonar latéral et il est normal que les pros du *Minibex* ne décèlent rien. Globalement, ils ratissent 300 m de large avec leur équipement, là où, moi, je prends des sondes très serrées, pour cerner 10 à 15 m. Mon écho part de la surface et revient. Je manœuvre doucement, mais avec une redoutable précision puisque je peux même différencier la densité du fond.

« Je vois donc la Comex tourner résolument sur la zone. Je commence à songer qu'ils ne sont pas en train de ne faire que des essais. Peut-être Delauze a-t-il été mis sur la piste d'une épave antique ? Les informateurs sont souvent des pêcheurs. Mais la zone qu'il explore s'étend si loin du bord que je me dis : là, ce n'est pas un petit pêcheur avec un filet trémail qui lui a donné le renseignement. C'est certainement un chalutier. Du coup, je repense à *L'Horizon* et à Bianco.

« Je reste en observation, me posant de plus en plus de questions. Je ne pense pas particulièrement à mon avion, qui ne me paraît pas une cible majeure. Quand soudain, fin octobre, sort dans la presse l'affaire de la gourmette. Immédiatement, je comprends : Delauze cherche l'avion de Saint-Exupéry !

« C'était sa marotte, je le savais déjà. Maintenant, je suis sûr qu'il est en opération. Je connais la zone de pêche de Bianco, qui se rapproche du site que j'ai exploré jadis. Le *Minibex* passe et repasse...

« Mais tandis que les investigations de Delauze et Castellano vont s'orienter vers La Ciotat (je l'apprendrai bientôt par les journaux), je repense à mes propres découvertes : les débris que j'ai photographiés seraient-ils ceux de l'avion de Saint-Exupéry, comme le rêvait mon père ? Plus question pour moi de trouver une épave entière, mais sans doute est-ce le moment de les identifier.

« Jusqu'alors, je n'avais jamais trouvé que des avions allemands, à Marseille. L'US Air Force ne passait que lors des bombardements, c'était une telle armada que les Allemands, surtout, se faisaient mettre au tapis. Première question : mes débris n'appartiendraient-ils pas à un Lightning ? Je sors mes vieilles photos, notamment celles du train d'atterrissage.

« C'est alors que ma mère m'apporte un *Science et Vie*, retraçant l'affaire de la gourmette. Une polémique s'est déclenchée à son propos, avec les résultats à la mi-décembre du travail d'expertise du laboratoire des Musées de France : "Aucun élément technique recueilli en étudiant le bijou ne nous a permis de conclure. Nous n'avons pas d'avis tranché sur la question. Rien ne dit qu'il est authentique, mais rien, non plus, ne nous laisse penser que ce pourrait être un faux."

« La presse a embrayé, à commencer par *La Provence* qui a évoqué la bataille d'experts divisant les "pour" et les "contre". *Science et Vie* en rajoute en titrant sur "la fausse gourmette". Je les trouve assez désinvoltes, d'ailleurs, parce qu'ils ont déjà monté une polémique du même genre avec "la fausse grotte Cosquer", au moment de sa découverte. Belle rigueur scientifique ! Mais c'est en examinant la photo du Lightning dans ce dossier que je peux faire la comparaison avec mes propres clichés. Et tout devient clair. C'est ainsi que je me suis retrouvé happé par cette incroyable affaire. »

12

L'armée est connue sous le sobriquet de la Grande Muette : la polémique a beau enfler à propos de la gourmette, le ministère de la Défense décide de remettre l'objet en toute discrétion aux héritiers d'Antoine de Saint-Exupéry. Petite cérémonie sans tambours ni trompettes, fin décembre, au siège de l'état-major de la région aérienne Méditerranée, à Aix-en-Provence.

Étonnant que les plus hautes instances militaires nationales aient pris cette option sans tenir compte de l'existence de l'inventeur. S'il n'y avait aucune raison de laisser ce bijou entre les mains du patron pêcheur, il n'y en avait pas non plus pour qu'il soit remis aux héritiers de droit sans certitude d'authenticité. Bianco proteste. Début 1999, Frédéric Giraud d'Agay lui réplique en direct sur TF1 au journal de 20 heures : « Désolé, monsieur Bianco, mais on ne vous rendra pas la gourmette ! » L'affaire est entendue : dans l'esprit des héritiers, l'objet est authentique.

Entre-temps, Castellano et Delauze poursuivent leurs recherches d'identification de l'épave de La Ciotat. Cela fait plusieurs semaines que Castellano est mal à l'aise, conscient d'avoir laissé s'accréditer la thèse de l'avion de La Ciotat comme étant celui de Saint-Exupéry. Entre supputations, espoirs, échafaudages de théories, certaines affirmations hâtives, il y a une frontière qu'il se reproche en secret, comme une erreur personnelle, d'avoir laissé franchir.

Recevant des documents techniques en provenance des archives de la Lockheed Aircraft Corporation, ainsi que de plusieurs associations américaines de vétérans de P-38, il a procédé à un certain nombre de recoupements et... non ! Décidément, non ! L'épave de La Ciotat ne correspond pas au modèle de Lightning F-5B de Saint-Exupéry. Il le fait officiellement savoir dans un rapport de fouilles adressé le 5 février 1999 aux autorités maritimes...

Tout cela ressemble à une catastrophe. Castellano attend des nouvelles de Delauze qui continue ses investigations à bord du *Minibex*. Il ne connaît pas encore Luc Vanrell qui, de son côté, a téléphoné à Patrick Grandjean, le chef du DRASSM [1] qui est alors également le conservateur de la grotte Cosquer. Luc l'avertit que dans la zone où a été retrouvée la gourmette, gisent des débris d'avion.

Il lui a transmis son dossier de photos.

Grandjean réagit aussitôt :

– Va acheter une cravate... je crois que nous allons passer à la télé !

Luc l'arrête :

– Écoute, Patrick, je ne suis pas d'accord. Nous avons d'autres priorités. Ce qui m'intéresse, moi, c'est Cosquer où, compte tenu des nouvelles données à enregistrer, nous avons du travail pour une dizaine d'années. L'administration me demande la plus grande discrétion là-dessus. Si on commence à parler de l'affaire Saint-Exupéry, je n'aurai plus la possibilité d'aller à la mer. Je n'aurai plus la paix ! Si, en plus, on fait une annonce sans l'étayer, on va se faire savonner par la presse. Je dois être absolument sûr. Laisse-moi du temps.

1. Département des recherches archéologiques subaquatiques et sous-marines.

Le régime de travail au fond de la grotte est harassant : huit heures par jour sous terre, cinq jours sur sept. Plongées et activités souterraines. Le sixième jour, pendant que son équipe se repose, Luc va replonger sur la zone. L'eau est très froide. En trois semaines, il perd huit kilos. Très éprouvant physiquement... Il retrouve les vestiges de cette tartane du XVIe siècle, qui transportait des vitres et de la vaisselle. Il voit quelques roches et des pièces d'aluminium. La plus grosse mesure 2,50 m de long. Le sol est sableux, avec de la vase en profondeur. C'est ainsi que les parties légères restent sur le sable, tandis que les poids lourds ont tendance à disparaître. Par exemple les moteurs, qui sont très denses. Luc tombe très vite sur des ressorts de culbuteur. Il pense de prime abord que c'est un engin de bateau...

Philippe Castellano est alors loin de se douter que s'accomplit un tel travail sous-marin.

Fin mars 1999, il reçoit un message de la part de Delauze, qui est à bord du *Minibex*. Le patron de la Comex vient de retrouver, par 74 m de fond, deux ailes d'avion enfouies sous des filets, à Cassidaigne, à moins de deux milles à l'ouest de l'endroit où Bianco estime avoir remonté la gourmette.

Rendez-vous est aussitôt pris au siège de la Comex pour visionner le film. Un quart d'heure de promenade sous-marine au sec :

« La qualité des images est malheureusement troublée par des particules en suspension, explique Castellano. On voit le robot télécommandé ROV (Remotely Operated Vehicle) naviguer sur l'épave, et l'imposant V-12, encore attaché à l'aile. Il s'agit du moteur droit, toujours bien dans son axe d'origine par rapport à l'aile. Les capotages ont disparu, l'hélice aussi, mais il devient évident que le moyeu, bien que noyé sous une épaisse couche de concrétions, est toujours présent, car les trois fûts recevant les pieds de pales sont bien identifiables. Les pales ont par contre disparu et leur pied laisse aisément comprendre qu'elles ont été brisées net ! C'est la première fois que je vois une telle chose... Généralement, sur une épave d'avion reposant sur le fond marin, il subsiste au moins une pale, même tordue, mais ici, l'alliage d'aluminium ne semble pas avoir résisté aux actions d'amerrissage, de chalutage ou d'électrolyse ? Curieux ! »

Suit une description par le menu de l'épave, fouillis de ferrailles tordues, emmaillotées dans des filets recouverts d'une épaisse couche de concrétions. L'ensemble tend à ressembler à un Lightning, elle est bien dans les parages où a été remontée la gourmette.

Mais Castellano, qui a été échaudé par l'affaire de La Ciotat, demeure circonspect.

Delauze, lui, est ravi :

– Alors Philippe, c'est bon, hein, on a enfin trouvé ce qu'on cherchait, c'est chouette, non ?

Le 7 avril 1999, il faut se rendre à l'évidence : la poutre droite n'est qu'un résidu sectionné de la partie arrière du fuselage d'un avion monodérive[1]. Les volets de fermeture du train de roue sont trop courts pour un P-38. À environ 700 m de distance, a été découvert, par 80 m de fond, le second moteur, avec un moyeu sans pales, lesquelles ont été désagrégées par le milieu marin. Cela signifie qu'elles étaient en bois. Il pourrait s'agir d'un Messerschmitt 110...

Mais l'équipe ne désarme pas. Octobre 1999, Pierre Becker repart sur le secteur La Ciotat - Les Lecques. La zone sera couplée à celle qui a été investiguée par le *Minibex* durant des mois. Le bateau support est un discret yacht de quinze

1. À la différence du P-38 qui est un bipoutre avec deux queues. Voir le schéma en « éclaté » dans le cahier photos.

mètres, immatriculé à Ajaccio, équipé de matériel électronique de recherches (sonar à balayage latéral, ordinateur, GPS, etc.), avec pour pilote Jean-Claude Bianco. Le 7 octobre, le yacht trace des lignes droites d'est en ouest de la baie. Ce même jour, un bateau blanc jette l'ancre à environ 300 m au sud-est de l'île Verte : c'est *L'Archéonaute*, navire amiral du DRASSM, chargé du sauvetage d'urgence d'un site archéologique. À bord du yacht de Pierre Becker, l'ingénieur Thierry Carlin localise l'épave du P-38 de La Ciotat. Partant en direction de la pointe du Défens, à l'est de la baie, il cible une anomalie métallique d'environ 20 m de long par 50 m de fond, à 800 m à l'est de ladite épave. Tandis que *L'Archéonaute* quitte également les lieux, l'équipage du yacht est impressionné par le nombre de bateaux et de pneumatiques venus s'agglutiner sur l'emplacement même... C'est parfois étrange, la chasse au trésor sous-marin, tout le monde surveille tout le monde. Les passages de certains bateaux donnent des idées, Luc Vanrell en sait quelque chose. Mais inutile de détailler les découvertes de Carlin, il suffit de se reporter au titre des journaux de la fin octobre : « Saint-Exupéry garde son mystère ! »

13

Et la gourmette ? Le feuilleton continue. Fin novembre 1999 sont arrivés des États-Unis divers clichés originaux montrant l'auteur du *Petit Prince* en Sardaigne, en mai 1944, avec un bracelet en argent au poignet gauche. Plus précisément encore, on le voit, manches retroussées avec sa montre et sa gourmette au même poignet, assis aux commandes du F-5A numéro 42-13080... De telles preuves inclinent Jean-Claude Bianco, sur les conseils de son avocat marseillais, maître Gilbert Collard, à assigner les ayants droit de Saint-Exupéry et la direction départementale des affaires maritimes des Bouches-du-Rhône devant le tribunal de grande instance de Draguignan pour que le résultat des analyses concernant le bijou soit officiellement donné.

Après les conclusions mi-chèvre mi-chou des Musées de France, le bijou a été discrètement confié à de nouvelles instances d'expertises. Où cela, exactement ? Les autorités demeurent muettes, comme d'habitude. Mais Bianco entend faire valoir ses droits d'inventeur ou du moins, si la gourmette est un faux, qu'on la lui restitue.

Maître Collard réclame en outre pas moins de 72 000 € de dommages et intérêts pour son client... Est-ce vraiment la bonne tactique ? « Question de principe ! » répond Bianco qui ne se rend pas compte qu'il sera accusé de vouloir se faire de la publicité et « du gras » sur cette histoire. Mais il n'en démord pas. Il n'admet pas avoir été pris pour un truqueur et un menteur.

Pendant ce temps, notre ami Luc continue ses recherches.

Vanrell, acte III

« Je n'ai pas cessé de replonger, pour trouver d'autres pièces significatives, tout en me faisant une véritable culture technique et historique. Par le biais d'archives, je m'imprègne de connaissances du P-38, et surtout de ses différentes versions, indispensables pour une bonne identification. C'est la période où tout le monde commence à se connecter sur le Net. J'envoie des demandes tous azimuts, en tapant "P-38 Lightning". C'est ainsi que j'entre en contact avec quelques associations qui me répondent qu'elles ne comprennent rien aux photos que je leur envoie. Toujours le même problème : elles ne sont pas habituées à travailler sur les milieux sous-marins, les vestiges sont trop concrétionnés. Et puis, à dire le vrai, cela ne les intéresse pas plus que cela. Je commence à désespérer, quand je tombe sur un site de vétérans américains. Le 367e groupe de chasse, *The Dynamite Gang* [1], qui s'occupe de la recherche de collègues disparus. L'association rapporte les vestiges humains aux familles, pour qu'il y ait des tombes dans les villages, pour que puisse s'accomplir le travail de deuil et, plus encore, afin que les noms des pilotes soient rayés des murs des disparus. "Tant qu'un pilote n'est pas rentré, on n'a pas la fin de l'histoire", m'explique le président. La plupart de ces vétérans ont fait la guerre sur P-38, en France. Lorsque j'évoque Saint-Exupéry, très connu aux États-Unis, ils sont vraiment motivés. Et quand bien même ne serait-ce pas lui, il s'agirait d'un de leurs compa-

1. Le 367th Fighter Group dépendait, en 1944, de la 9th USAAF, dont les bases se situaient en Angleterre.

triotes. Le président du *Dynamite Gang* me recommande de prendre contact avec Jack T. Curtis[1] : "C'est notre meilleur spécialiste en recherche et en identification."

« J'avance à pas de velours, sous pseudonyme, sur Internet. J'en dis le moins possible pour qu'on ne cible pas l'endroit et, surtout, qu'on ne le rattache pas à l'affaire de la gourmette. Dès que j'entre en contact avec Jack, les premières choses que je reçois de lui, ce sont les photos de sa maison, de sa femme, de son chat, de sa voiture, de son jardin !

« Jack vit en Arkansas, il est ancien pilote de chasse. Il me demande qui je suis. Vais-je lui lâcher l'affaire, ou pas ? Nous sommes en liaison depuis une semaine. Il marche à la confiance. Allez, j'y vais ! Je lui raconte Marseille, la gourmette et le possible lien entre "mes" vestiges et Saint-Exupéry. "Quoi qu'il en soit, me répond-il, un pilote est mort là !" Et il me fait parvenir un maximum de documentation provenant d'un de ses amis ingénieurs aéronautiques, Gil Ceffarat, qui travaillait durant les années 1943 à 1945 chez Lockheed. La plupart des archives ont brûlé dans l'incendie de l'usine, et moi, j'ai la chance d'avoir les manuels de maintenance pour les mécanos ! J'ai tout ! Quelques aérodromes américains ayant conservé des P-38 en état de vol, je demanderai parfois à Jack d'aller y effectuer des vérifications sur place. Pour moi, il a fait ouvrir des capots. Nous avons pu faire un vrai travail comparatif. Sans son soutien, sans les informations qu'il m'a données, peut-être n'aurais-je pas eu le courage de continuer jusqu'au bout...

« Je suis certain d'avoir découvert des débris de P-38. Parmi les plus belles pièces, un train d'atterrissage. J'envoie les photos à Jack, qui me les renvoie annotées. Le problème est de savoir de quel P-38 il s'agit. Il n'y en a pas moins de douze

1. Jack Curtis est aujourd'hui malheureusement décédé.

versions, désignées au fil des années de A à M. On connaît le numéro de série de l'avion de Saint-Exupéry, c'est un F-5B version de reconnaissance P-38 J de chasse[1]. Il y a aussi la radio de bord, avec sa plaque et son numéro, et bien évidemment le tableau de bord où figure l'indicatif radio. "L'idéal, me dit Jack, serait de retrouver un numéro de moteur."

« Or je me souviens d'avoir vu un moteur, longtemps auparavant, sur la zone. Je l'avais identifié comme un 6 cylindres. C'est ce que j'avais compté en dévasant, imaginant au premier abord qu'il devait s'agir d'un engin de bateau. N'aurais-je pas vu qu'une des deux culasses d'un V 12, auquel cas on serait sur le bon modèle ?

« J'y retourne et dévase le moteur intégralement. C'est bien un V 12, avec un compresseur dessus. Je relève les numéros de série que j'envoie à Jack. Il me répond que ce n'est pas un numéro américain. Il faut regarder du côté allemand ou anglais. C'est ainsi que le doute est revenu de façon vicieuse et que je vais perdre pas mal de temps...

« On est donc repartis à l'envers, en essayant d'identifier un appareil de la Luftwaffe. Le numéro commence par DB601. Je contacte mon ami Jean-Pierre Joncheray, grand spécialiste ès épaves, qui me recommande Philippe Castellano et me donne son adresse électronique. Quelle chance, voilà enfin un moyen neutre de le contacter. Nos premiers échanges concerneront donc uniquement ce moteur et non les vestiges de Lightning. C'est par Philippe que j'apprendrai que DB est l'abréviation de Daimler-Benz, constructeur équipant princi-

1. « P » pour « pursuit », intercepteur, avion de chasse, et « F » pour « Fotography », avion de reconnaissance. Il est abusif de nommer un appareil américain par « P » et « F » à la fois, mais l'usage a fait que l'on utilise couramment pour les Lockheed Lightning de tous types « P-38 » comme abréviation. Les spécialistes voudront bien nous pardonner d'avoir souvent utilisé cette facilité.

palement les Messerschmitt. Bon ! On a rêvé avec notre P-38... Nous sommes loin de Saint-Exupéry... C'est alors que Jack, un peu énervé, me renvoie la photo du train d'atterrissage entourée, avec ces mots : "Ça, c'est un P-38 ! Arrête de te désespérer. Il y a certainement deux avions. Un allemand. Et un américain. Pas de doute !"

« Il a forcément raison, j'en prends conscience. Oui, cela peut être l'avion de Saint-Exupéry, et celui de son ennemi, les deux appareils se percutant en vol ! À ce stade, pourquoi pas ? »

14

Luc Vanrell est dans le brouillard, Philippe Castellano aussi.

Mais au printemps 2000 le président d'Aéro-Re.L.I.C a retrouvé sa bonne humeur. À bord du navire de la Comex, il sent qu'il vogue vers des eaux fécondes. Il le confie à son journal, en date du 20 avril :

« Aujourd'hui, Poséidon est avec nous ! Temps magnifique, mer d'huile. Serait-ce aussi parce que Delauze a prévu de passer la journée à bord ? Henri, à l'aise chez lui, salue à son tour tout le monde. J'échange avec lui quelques propos sur les prévisions de la journée, tandis que le *Minibex* fait route pour la balise de Cassidaigne où repose une partie d'empennage de P-38 découverte par Jean-Claude Cayol... »

Cayol est un plongeur cassidain qui a défrayé la chronique en repérant par 31 m de fond un débris d'empennage, au nord-est de ladite balise, soit à quelques deux milles nautiques devant le sémaphore du Bec de l'Aigle, au large de Cassis. Le bateau se rapproche par l'est, ralentit, se met en « DP » (*Dynamic Positionning*) – positionnement directionnel grâce à des propulseurs orientables qui évitent de mouiller l'ancre tout en restant à la verticale d'un site.

Le robot d'exploration sous-marine est mis à l'eau. Après quelques dizaines de mètres, il est stoppé sur le fond. Droit devant, une obstruction se dessine sur l'écho renvoyé à l'écran du sonar. Moins de 30 m plus loin, une épave est là...

« C'est la première fois que je la vois, raconte Castellano, et déjà, aucune erreur n'est possible. Oui, il s'agit bien d'une partie de queue de P-38 ! »

Delauze, avec un sourire plus que ravi, lui demande son avis. Un seul regard éclairé de sa part lui suffira : sans aucune forme d'erreur possible, il s'agit, posée à l'envers, d'une partie d'empennage de Lockheed Lightning. Tout correspond, jusqu'aux cotes d'origine.

L'historien se plonge dans ses archives et arrive à cette conclusion : « Ce vestige ne peut appartenir qu'au F-5B numéro 42-68223, celui sur lequel le commandant Antoine de Saint-Exupéry fut porté disparu le 31 juillet 1944. »

Coup de théâtre !

Sur les dix Lightning de chasse et de reconnaissance photographique perdus durant la Seconde Guerre mondiale le long du littoral français, en prenant pour repère les frontières italienne et espagnole, le doute n'est plus permis. L'avion de Saint-Exupéry est le seul qui n'ait pas été localisé par les radars ni par d'éventuels témoins, comme ce fut le cas pour tous les autres Lightning abattus de part et d'autre de Cassidaigne. Ainsi des appareils des sous-lieutenants Riley et Greenup tombés le 27 janvier 1944 et retrouvés dans la baie de La Ciotat, toujours équipés de leur empennage – nous avons déjà vu le cas de ces deux Américains. Mais dans les archives de Castellano figurent d'autres P-38 :

– Le 21 mars 1944, il semble que ce soit l'artillerie antiaérienne allemande, la Flak de Toulon, qui ait abattu l'avion du lieutenant français Henri Ray, devant la rade. Les archives de son escadrille donnent les précisions suivantes : « Mission photographique au départ d'Alghero (Sardaigne) à basse altitude sur la rade de Toulon et la région d'Hyères. Plan de vol : décollage à 10 h 05 – arrivée sur les côtes françaises à 11 heures – travail dans la région indiquée à 11 h 10 – atterrissage prévu à 12 h 05. »

Vers 16 heures, un télégramme provenant d'Alghero a fait savoir au commandement de l'escadrille du II/33 que le lieutenant Ray avait deux heures de retard sur l'horaire. Plus personne ne le reverra... Le fait que la zone marine de Toulon est interdite au chalutage sur une très grande distance, et dans tous les azimuts, empêche toute confusion possible avec le vestige de Cassidaigne, la distance séparant Toulon de La Ciotat étant trop importante.

– Le 29 avril 1944, jour du plus terrible des bombardements alliés sur Toulon – la ville fut écrasée par plusieurs milliers de tonnes de bombes –, c'était au tour du lieutenant Raoul Agliany de disparaître au large de Port-de-Bouc. Il était en mission photographique au départ d'Alghero. Décollage à 8 h 10, retour prévu à 10 h 45.

Les conditions de sa perte ont pu être élucidées grâce aux rapports de la Luftwaffe, conservés aux archives historiques des services allemands de Fribourg. Il a été pris dans la ligne de mire d'un Focke Wulf 190, piloté par le sergent Guth. Un vieux briscard, ce Guth. Lorsqu'il ne pouvait pas intercepter l'ennemi en altitude, il se planquait en embuscade. Les ultimes moments du combat aérien suivi par les radars allemands se sont déroulés à 30 km au sud de Port-de-Bouc. À 9 h 45, Guth a vu le F-5A percuter la surface de la mer...

Et Castellano de conclure que la zone où s'est déroulée la tragédie est bien trop éloignée de Cassidaigne pour qu'il y ait une quelconque confusion entre le F-5A du lieutenant Agliany et l'empennage qu'il attribue désormais au F-5B numéro 42-68223...

À bord du *Minibex*, c'est la joie. Le navire quitte le secteur de Cassidaigne pour se diriger à moins d'un mille plein nord, au nord-est du phare-balise, là où les fonds atteignent 80 m. Une partie d'empennage, c'est bien, mais quid du reste ?

Tout le reste ?

C'est bien évidemment Luc Vanrell qui va l'apporter.

15

Luc enquête depuis vingt mois. Sans avoir jamais eu de contacts directs avec Castellano, l'occasion lui a cependant été donnée de prendre connaissance de ses archives, établies à partir de rapports radio, de rapports radar, de témoignages de pilotes. Une vraie somme ! Car il se trouve que Luc travaille aussi comme photographe pour l'agence Photocéans, spécialisée dans l'image sous-marine. Or c'est à Photocéans que la Comex avait confié la gestion presse du dossier de la gourmette. Et un fax de la liste des pertes de P-38, que Castellano a transmis à Delauze, traîne un jour sur un bureau. Luc demande s'il peut en faire une copie. Alexis Rosenfeld, le patron de l'agence, n'y voit pas d'inconvénient, pensant que cela peut aider Luc à d'autres recherches. En ciblant alors le type d'avion, il est passé de quarante-deux appareils perdus tous types confondus, à cinq, dont quatre ont été formellement identifiés. Exactement ce que nous venons de voir avec Castellano. Le 24 mai 2000, il entre en contact par mail avec le président d'Aéro-Re.L.I.C.

Castellano le connaît de nom, il sait qu'il est le directeur de la société d'interventions sous-marines Immadras, mais se souvient surtout de lui parce qu'il a découvert en 1989 l'épave intacte d'un bombardier allemand bimoteur Junkers Ju 88 par 55 m de fond, aux îles du Frioul, et pour l'avoir récemment interrogé sur un moteur allemand. Réflexe d'historien...

« C'est un plongeur de haut niveau que je situe dans la sphère assez fermée des photographes sous-marins dits profonds, écrit-il dans son journal. C'est aussi un homme réservé, discret, à l'humour quelquefois caustique. Un bon vivant, quoi ! »

Or la demande de Luc Vanrell lui semble surprenante. Après quelques échanges sibyllins concernant des détails du moteur allemand, Luc lui avouera plus tard que, par prudence, il le « testait ». De fait, il va lui envoyer un nouveau message bien plus étonnant concernant les P-38 Lightning type J. Sa question porte sur une modification particulière qui a touché les trains de roue principaux à partir d'une version très précise : le P-38 Lightning type H-5 LO... Castellano se doute que Vanrell a en sa possession une pièce intéressante. Un dernier message va mettre le feu aux poudres. Il lui pose franchement la question : « Que penseriez-vous de la présence d'un P-38 de type J ou plus moderne sur le secteur de Marseille ? »

Castellano a compris, Vanrell a découvert le F-5B 223 et a trouvé comment l'identifier : par sa version évoluée, il ne lui manquait que la confirmation du spécialiste.

Mais voyons les détails. Ils sont sans doute un peu ardus, mais passionnants. Leur analyse montre toute la complexité des recherches historiques, et au final, leur fiabilité.

Nous savons, explique en substance Castellano, que les derniers modèles de la série H du P-38 qui mènera à la variante J vont subir d'importantes modifications par rapport aux versions antérieures : moteurs plus puissants de 100 chevaux ; turbocompresseurs de type B-33 remplaçant l'ancien B-13 ; coude de dérivation d'air situé dans le logement du train de roue, plus imposant, et désormais équipé d'un volet réglable ; écope extérieure d'entrée d'air du turbocompresseur prenant une forme en ogive, contrairement à l'ancienne version se rapprochant plus d'un tube coudé à 90 degrés, etc. Les jambes du train d'atterrissage principal vont aussi être équipées d'un axe de pivotement supérieur (aussi dénommé poutre) qui passe de la section cylindrique et creuse en alliage ferreux à une section rectangulaire et alliage de magnésium moulé... Cette pièce particulière est dénommée « fulcrum » dans la nomenclature technique (*Parts Lists*) des Lockheed Lightning. D'autres modifications moins visibles à l'œil nu, mais tout aussi importantes, font également partie du changement de type. C'est ainsi qu'à la fin du printemps 1943 va officiellement démarrer la production d'un P-38 remodelé : le type J [1].

Pas moins de cent dix appareils de cette nouvelle série seront transformés en version de reconnaissance photographique, troquant dès lors l'appellation de P-38 pour celle de F-5 variante B (F-5B). Quatre-vingt-dix autres Lightning provenant de la fin de série H suivront le même chemin, avec ce même intitulé de F-5B. En tout, deux cents appareils construits par l'avionneur Lockheed.

Revenons donc à la conclusion : si Luc Vanrell a entre les mains un vestige de P-38 type J, il appartient à l'avion de Saint-Exupéry !

En fin de journée, c'est Alexis Rosenfeld, le directeur de la société de photographies sous-marines Photocéans, qui vient confirmer l'affaire. Il appelle Castellano au téléphone pour l'informer qu'un plongeur aurait retrouvé d'importants débris de P-38 type J.

1. Pour les tatillons du détail, précise Castellano, la première série J (jusqu'au modèle J-10 LO) a gardé l'ancien pare-brise bombé (qui deviendra plat et blindé à partir de la version J-15 LO) et son demi-volant de forme cylindrique.

– Je suis chargé de la gestion médiatique de l'événement, et souhaiterais vous y faire participer pour expertise technique et historique.

Question immédiate de Castellano :

– Votre plongeur ne serait-il pas par hasard Luc Vanrell ?

Rosenfeld donne à Castellano les détails qui lui manquent pour bien appréhender la découverte : site oscillant entre 45 et 87 m, dans le sud-est de Riou. Les morceaux épars se composent principalement d'une partie de poutre longue d'environ 2 m, toujours équipée de son turbocompresseur, ainsi que d'une jambe de roue isolée. C'est surtout cette dernière, gisant à 60 m de fond, qui a attiré l'œil exercé du plongeur. La section supérieure est équipée d'une poutre rectangulaire. Aucun doute : il s'agit d'un fragment de P-38 de type J – ou F-5B. Castellano est plus qu'intéressé...

Rendez-vous le surlendemain dans la salle de projection de Photocéans.

Les clichés de l'épave pris par Luc Vanrell sont magnifiques, d'une netteté fabuleuse. L'ensemble des pièces est très attaqué par la corrosion, et concrétionné à un haut degré, mais il est aisé de voir au fond de la poutre le coude permettant de canaliser l'air pris à l'extérieur par le biais de l'écope de forme ogivale allant se connecter sous le turbocompresseur. Coincé en dessous, bien à plat, repose ce qui apparaît comme un vestige d'aile coupé net – on découvrira plus tard qu'il s'agit en réalité de la partie supérieure de la porte externe gauche de fermeture du logement du train principal, et d'où subsistent encore les vestiges arrachés de ses charnières...

Le président d'Aéro-Re.L.I.C demande à Vanrell comment il a fait cette formidable trouvaille.

Luc lui raconte son aventure. Elle date en fait de plusieurs années, et il ne s'y est intéressé à nouveau qu'après publication par la presse des découvertes de Bianco et du plongeur cassidain Jean-Claude Cayol. Il lui révèle aussi sa correspondance avec Jack Curtis, l'ancien pilote de P-38 qui vit alors dans l'Arkansas.

« Dans cette affaire, explique-t-il, il y a le facteur humain : Jack Curtis, qui m'a fait garder l'espoir ; et puis le facteur chance. C'est ainsi que j'ai repéré sur des plans de modélisme, bien plus précis que n'importe quel éclaté, le fameux turbocompresseur de deuxième génération version J qui nécessite le renforcement du train d'atterrissage.

« "Tu crois qu'on peut monter un train dernière génération sur un appareil plus ancien ?" ai-je demandé à Jack.

« Il a vérifié auprès de ses amis ingénieurs, aucun ne pouvait donner de réponse formelle. Il y a bien sûr des bricoleurs partout, mais fondamentalement, il n'y croyait pas trop.

« Seule solution : plonger de nouveau pour s'assurer que l'ensemble train-turbo appartenait bien à un J. J'avais gardé un souvenir précis du site. J'y suis allé. Il faisait beau temps ce jour-là, l'eau était claire. La pièce était couchée à la renverse, le turbocompresseur, difficile à mesurer, car un tiers seulement affleurait. Il fallait repérer dans ce "nouveau modèle" le clapet qui permettait au pilote de gérer la pression d'admission au turbo, tout comme sur une voiture de course moderne. Elle était dans le logement du train d'atterrissage. La pièce étant à l'envers avec les volets arrachés, j'ai vu que je pouvais passer le bras pour vérifier si j'avais un coude simple ou des angles pour cette boîte à clapet. J'envoie la main, je sens les colliers de l'époque, montés sur des manchons en caoutchouc. Ils cèdent, et j'ai la pièce entre les mains. Bingo ! »

Le jour même, Vanrell, Rosenfeld et Castellano décident du plan médias. En début de soirée, l'information est envoyée à France Info qui la diffuse dès 22 heures. Le temps d'un week-end, c'est la déferlante médiatique. Radios, télévisions, presse écrite.

Lundi 29 mai, Luc vient d'obtenir par un journaliste l'adresse des héritiers. Il est en train de leur écrire une lettre les informant de ses observations, de ses premières déductions sur le crash. C'est alors qu'on pose sur son bureau la presse du matin. La réaction de la succession de l'écrivain qui dénonce « une nouvelle mascarade montée pour ternir l'image du centenaire de la naissance d'Antoine de Saint-Exupéry ». Vanrell jette sa lettre à la poubelle. Les relations avec les héritiers sont ainsi rompues avant même d'avoir existé.

Frédéric Giraud d'Agay écrit en urgence au préfet maritime de la région Méditerranée, à Toulon, pour que l'épave soit officiellement récupérée en vue d'examens : « Le seul moyen d'empêcher les profanateurs d'agir est de faire retirer par la Marine nationale l'épave qu'on ne peut ni surveiller, ni garder au fond de l'eau, et de la déposer en sûreté sur une base aérienne par exemple, s'il s'agit bien de l'avion du commandant de Saint-Exupéry. »

L'équipe n'apprécie guère le mot de « profanateurs ». D'abord parce que l'héritier de Saint-Ex ne connaît aucun des découvreurs, ensuite parce qu'en l'état des recherches, il ne saurait affirmer que le corps de l'écrivain est resté dans l'avion. Pourquoi n'aurait-il pas eu la chance de se parachuter, de toucher la surface de la mer bien vivant, puis d'être entraîné vers le large ? Aucune hypothèse n'est à écarter. De nombreux aviateurs perdus en mer le long du littoral provençal ont été retrouvés morts des semaines plus tard, sur des plages situées bien plus à l'ouest de Marseille. Ce fut le cas aux Saintes-Maries-de-la-Mer, à Marseillan, Sète, Perpignan, sans parler du secteur maritime espagnol. Si certains corps ont pu être identifiés, nombreux sont ceux qui ne le furent jamais. Il est également intéressant de noter qu'un squelette humain, amputé, a été mis à jour sur l'île de Riou dans les années soixante, non loin de l'unique point d'eau douce de l'île – nous reviendrons sur cette étrange affaire à la fin de notre récit...

Quoi qu'il en soit, l'intervention des ayants droit porte rapidement ses fruits. Le site découvert par Luc est interdit de plongées. Et toutes les demandes d'étude et de relevage sont gelées.

Mais Castellano tient à maintenir un minimum de dialogue. C'est ainsi qu'à Cabris, non loin de Grasse, à l'occasion d'une cérémonie donnée en souvenir de la mère d'Antoine, Marie de Saint-Exupéry, il rencontre les frères Jean et François Giraud d'Agay et aborde avec eux le « mystère » Saint-Ex. Il évoque l'hypothèse d'une disparition volontaire, mais Jean Giraud d'Agay est catégorique : « Notre oncle ne s'est pas suicidé, et la piste menant sur une disparition dans les Alpes n'est pas du tout à exclure ! »

Fin de l'échange. Les relations avec les héritiers ne sont décidément pas simples.

Bianco en fait l'expérience de son côté, car l'affaire de la gourmette continue. Le 29 mars 2001, notre pêcheur marseillais s'est rendu à la convocation du TGI de Draguignan pour son assignation du 6 avril 2000 à l'encontre des ayants droit de Saint-Exupéry et de la direction départementale des affaires maritimes. Après deux heures de débats où le fond n'a jamais été abordé, à savoir l'obtention de résultats d'analyse déterminant ou non l'authenticité du bijou, l'audience est levée, avec délibéré fixé au surlendemain. Bianco essuie les commentaires de la partie adverse sur la « galéjade marseillaise » que constitue sa découverte. Écœuré, il quitte le tribunal sans même avoir été entendu : le président de séance a refusé de le faire intervenir.

Et le 31 mai, le jugement tombe, déclarant « irrecevable et non fondée » sa demande en dommages et intérêts dirigée contre Jean Giraud d'Agay et son fils Frédéric, tout en le renvoyant à se pourvoir devant l'autorité ou la juridiction administrative compétente pour fixer ses droits à récompense. Jean-Claude est par ailleurs condamné à payer aux ayants droit de l'écrivain ainsi qu'à l'agent judiciaire du Trésor – pour les affaires maritimes – la somme de 915 €, au titre de l'article 700 du nouveau code de procédure civile. Jean-Claude décide bien évidemment de faire appel.

Sur le plan médiatique, il n'a pas non plus dit son dernier mot. Sur les conseils de Castellano, il passe le 22 juin à 23 h 30 dans l'émission de Julien Courbet, « Sans aucun doute », sur TFI. « Avec un trac d'enfer », il arrive sur le plateau, assisté de maître Gilbert Collard. La partie adverse est représentée par l'avocat Bernard Hawadier de Saint-Raphaël. Après un vif échange, l'avocat de la succession lâche un précieux renseignement. Il confirme que deux analyses ont bien été ordonnées, l'une française, l'autre américaine – on saura plus tard qu'il s'agissait des laboratoires du FBI. Les résultats se contredisant, il est prévu une troisième expertise. On n'obtiendra rien de plus, mais Jean-Claude marquera un point face au public avec sa bonne foi, en réclamant la vérité, rien que la vérité, toute la vérité !

Début octobre, l'ami Bianco entre en clinique, pour une intervention chirurgicale a priori bénigne. Il n'en sortira qu'un mois et demi plus tard, échappant de peu au pire, après plus de trois semaines en réanimation.

« Durant cette période, observe Philippe Castellano, Frédéric Giraud d'Agay semblait jouer avec le temps pour rendre publics les résultats des expertises de la gourmette, mettant au surplus en exergue le fait qu'il n'y avait aucune raison valable pour nier la présence de l'appareil d'Antoine de Saint-Exupéry sur le secteur marseillais. Certains effets personnels ayant appartenu à un homme tué ou porté disparu en mission et retrouvés sur un site de crash suffisent généralement à apporter la clef d'un mystère, même en l'absence totale d'un numéro de série de l'appareil concerné... » Et de fait, en novembre, alors que Bianco se remet lentement, le président d'Aéro-Re.L.I.C reçoit sous le sceau de la confidence cette information des héritiers de Saint-Exupéry : les résultats définitifs des expertises devraient être donnés fin 2001, ou, au plus tard, début 2002. Pour ce qui est de la condamnation aux dépens en justice, ils décident de « laisser tomber, point final ».

Quelques semaines plus tard, les avocats de la succession informent Bianco que les charges à son encontre sont levées. Libéré de sa dette, Jean-Claude ne renonce pas pour autant à son appel. S'entêter à réclamer 72 000 € en vue d'obtenir un résultat d'expertise, est-ce bien raisonnable ? Mais il y a eu blessure d'orgueil, et pour lui, cette menace judiciaire sur les Giraud d'Agay constitue une sorte de monnaie d'échange. C'est le cœur plein d'espoir qu'il donnera une conférence publique à Cannes, début décembre 2001, expliquant comment « Saint-Exupéry était venu à lui », racontant sa vie en mer durant toutes ces années, son métier de marin pêcheur, et comment il fut traité de menteur, de falsificateur, de grande gueule, de faiseur d'embrouilles assoiffé de fric et de publicité par la presse et les héritiers de Saint-Exupéry. À la fin de son propos, le public observe quelques instants de silence, puis c'est une véritable ovation !

16

L'interdiction d'étude et de relevage sur le site dûment déclaré par Luc aux autorités va bloquer le dossier Saint-Exupéry durant trois ans. Rien qui fasse progresser le dossier Saint-Ex. Cependant une lettre très émouvante parvient à Castellano dans la première quinzaine d'octobre 2002. Provenant des États-Unis, elle a été déposée dans la boîte postale d'Aéro-Re.L.I.C :

« Monsieur Castellano,

« Mon nom est Jean Preston-Riley, je suis la veuve du sous-lieutenant James G. Riley, dont votre association, Aéro-Re.L.I.C, a retrouvé l'épave de l'avion portant le numéro de série 43-2543. Je suis sincèrement très heureuse qu'en effectuant des recherches sur votre héros national, Antoine de Saint-Exupéry, vous ayez eu l'opportunité de localiser l'appareil a bord duquel disparut Jim... »

À ce courrier sont joints des documents officiels, ainsi que des photographies d'époque.

« C'est ainsi, raconte Castellano, que des relations très étroites vont se nouer avec cette aimable personne et ses enfants. Mme Riley s'était remariée en 1950... La seule chose dont l'administration du War Department l'avait informée en 1945 était que le P-38 de son mari avait été vu pour la dernière fois, et en mauvaise posture, sur le secteur d'Aix-en-Provence. Information que l'on retrouve dans le rapport de perte (MACR numéro 2038) ; c'est ainsi qu'elle avait cru toute sa vie que l'avion de Jim avait explosé en vol au-dessus de la Provence. »

Sept mois plus tard, le 12 mai 2003, Castellano accueille la vieille dame avec Lisa, l'une de ses filles, à l'aéroport de Nice-Côte d'Azur.

« Le premier contact fut incroyablement chaleureux. Ce fut comme si nous nous connaissions depuis toujours. »

Une cérémonie est prévue à la mairie de La Ciotat. Patrick Boré, le maire, fait un bref historique. Quelques secondes plus tard, Pierre Becker s'avance avec un vestige de l'épave. Une petite écope d'entrée d'air ayant appartenu au capotage du turbocompresseur droit. La pièce a gardé sa couleur vert olive (*olive drab*) d'origine. Becker l'a ajustée sur une plaque de Plexiglas.

« À la vue du présent qui lui est tendu, Jean Riley me prend la main et a un moment d'hésitation...

« Le maire invite l'assemblée au verre de l'amitié, et nous voilà partis en direction du port, où nous attend la vedette de la société de sauvetage en mer de La Ciotat. »

Cap sur l'île Verte.

« Nous nous trouvons maintenant à la verticale du site où repose le P-38 de La Ciotat. Un fort mistral souffle, mais nous sommes à l'abri, ici, dans la baie. Le ciel est particulièrement bleu, sans nuage, pareil à la mer, d'un bleu profond. »

Une gerbe de fleurs composée de gueules-de-loup et de roses rouges a été préparée, avec deux drapeaux en son centre, l'un américain, l'autre français. Et un ruban, sur lequel est inscrit : *From Jean to Jim.* Mme Riley cueille délicatement une rose qu'elle fixe à sa boutonnière. Le maire, Patrick Boré, et Pierre Becker l'aident à déposer la gerbe sur l'eau.

« Cela se déroula comme une caresse, instant furtif mais combien chargé d'émotion. »

La corne de brume est actionnée...

Le lendemain matin, tout le monde se retrouve à Géocéan où sont exposées les pièces du P-38 de La Ciotat.

Très émue, Jean demande si l'on peut avoir une idée précise des conditions dans lesquelles se sont déroulés les derniers moments de Jim.

« Je lui relate comment s'est passée la mission du 27 janvier 1944, puis prends le saumon[1] de l'aile droite, où plusieurs impacts sont toujours visibles. Avec une maquette de P-38, en lui montrant l'angle de pénétration et de sortie des balles allemandes, je lui indique comme se déroula l'attaque. Elle me pose alors une question troublante : Jim était-il déjà mort lorsqu'il percuta la surface de la mer ? »

Sur l'épave du P-38 de Harry Greenup, aux Lecques, la verrière a été retrouvée ouverte, les trains d'atterrissage rentrés et, surtout, les volets complètement sortis. Cela prouve sans erreur possible que le pilote a effectué un amerrissage volontaire, et parfaitement géré. Partant de cela, Castellano arrive au cas de James Riley : le pilote devait être mort, ou mortellement blessé, lorsque son avion percuta la mer. Le P-38 avait été vu par ses ailiers s'engouffrant sans aucun contrôle et avec violence dans l'eau. Les volets n'étaient pas en position sortie. L'appareil ayant été transpercé par les tirs, associés au terrible incendie qui s'ensuivit, il ne dut rester qu'une infime chance de survie au jeune pilote.

Ces explications semblent rassurer Jean. Depuis qu'elle a appris que l'avion de Jim avait été retrouvé sous l'eau, elle est

1. Le saumon est un caisson de forme allongée servant de carénage à l'extrémité de l'aile.

hantée par le fait qu'il ait pu couler en pleine possession de ses moyens, sans pouvoir s'extraire de l'épave...

Après quinze jours passés en Provence, Jean et Lisa retourneront aux États-Unis avec une multitude de photos et quelques vestiges de l'avion disparu... Jean reviendra en 2004. À son second retour aux États-Unis, elle écrira ces quelques mots à Philippe Castellano : « Je suis heureuse, grâce à vous, de savoir ce qui s'est passé pour Jim. Vous avez retrouvé Jim, mais je vous ai retrouvé. Merci. » Le 31 janvier 2007, Jean quittait ce monde pour aller rejoindre son premier amour...

17

Retour en 2003. Le dossier Saint-Exupéry est toujours au point mort.

Qu'en pense Luc Vanrell ? Au risque de surprendre, cela le laisse indifférent :

« Comprenez-moi bien, je ne suis pas un acharné du travail sur vestiges. On a l'identité du pilote, inutile de continuer. Pour moi, l'affaire est close. Je m'intéresse plus que jamais à l'archéologie. Ce n'est que lorsqu'un certain nombre de gens mettront mes découvertes en doute que je me sentirai plus motivé. J'avoue notamment avoir lu avec stupéfaction l'article d'un historien persistant à bégayer la théorie d'une disparition de Saint-Ex dans les Alpes. »

Sous le titre *Saint-Exupéry sauvé des eaux* – comme on le dirait de Moïse ou de Boudu, le célèbre clochard –, Patrick Ehrhardt réaffirme en effet, et sans sourciller, que « les enquêtes diligentées après la disparition du commandant de Saint-Exupéry, tant du côté américain que français, sont toutes arrivées à la même conclusion : "les écoutes radio et radiomagnétiques permettent d'assurer qu'il n'est pas tombé au retour, ni en mer ni près des côtes françaises." En attendant la preuve du contraire, c'est bien à cette version des faits qu'il faut se tenir en se tournant résolument vers les Alpes puisque du côté de la mer Méditerranée il n'y a plus rien à trouver ».

Consternant. Les preuves sont là, tangibles, sous ses yeux, mais l'auteur insiste :

« Il va de soi que cette affaire est intimement liée à la découverte en septembre 1998 d'une gourmette attribuée au pilote disparu... Depuis, tout morceau de P-38 gisant dans le secteur (qui reste d'ailleurs relativement indéterminé) est automatiquement suspecté d'appartenir à l'avion recherché. À ce rythme, on aura bientôt de quoi reconstruire deux avions de Saint-Exupéry !

« De même, il n'est toujours pas établi que le pilote disparu portait une gourmette. Les photographies où certains voient la gourmette furent prises par un correspondant de guerre, John Phillips, en mai 1944. Fait étrange, la gourmette y serait uniquement visible sur le bras gauche – celui de la montre – lorsque le pilote porte une veste ou une chemise à manches longues ! Dans le cas de manches courtes, pas de gourmette... »

Bouleversante démonstration.

Ce qui agace aussi Vanrell, c'est l'insistance avec laquelle certains, à Marseille, réclament les numéros de référence de l'avion. Bon ! Mais il faut relever les pièces ! Henri Delauze en est obsédé. Ce serait une belle image de marque pour la Comex. Pierre Becker avec lequel Luc Vanrell n'est pas encore vraiment en contact est, lui aussi, plus qu'intéressé.

À qui s'adresser ? Il règne à propos de cette épave un certain flou administratif qui permet une forme d'inertie. S'agit-il d'un bien culturel ? Il faut voir du côté du ministère de la Culture. Un bien militaire ? Ministère de la Défense. Et les Anciens Combattants ? Avec leur tradition gaulliste historique, Saint-Exupéry n'y est guère en odeur de sainteté. Les représentants de la famille estiment, quant à eux, que la Méditerranée est une inviolable sépulture. Option non moins honorable. Si bien que Luc Vanrell n'est pas loin de souhaiter que les vestiges demeurent immergés, à l'abri des pêcheurs et des curieux, dissimulés au creux des rochers.

S'il faut faire un choix administratif, ce sera le préfet maritime, le vice-amiral d'escadre Pierre-Xavier Collinet, la plus haute autorité de la région maritime Méditerranée. Une lettre officielle de demande de fouilles et de récupération pour un travail d'identification des vestiges du Lightning reposant devant l'île de Riou, à l'intitulé d'Aéro-Re.L.I.C, lui est adressée – dossier technique à l'appui.

C'est alors qu'en août 2003 arrive cette nouvelle : lors d'une plongée de reconnaissance sur le site de Luc, Delauze a constaté le déplacement de certaines parties de l'épave. Les chalutiers, encore et toujours ! Il a retrouvé la poutre et son turbocompresseur entortillés dans des filets, à demi enfouis dans la vase, par 60 m de fond, à plus de 50 m de l'endroit originel.

Le patron de la Comex prend sur lui de hâter les opérations. Il obtient un accord verbal d'intervention de la part du préfet maritime. Le 1er septembre 2003, le *Minibex* remonte la jambe de roue gauche, que Luc, à titre préventif, avait déposée dans une grotte sous-marine...

Le lendemain, le vent souffle trop fort pour une sortie en mer. Le 3 septembre, le *Minibex* se dirige à nouveau sur Riou. Toutes les pièces sont remontées à bord. Elles seront nettoyées et démontées par le chef de chantier sous-marin de Géocéan à Aubagne. Laurent Lhuillier, chaudronnier de métier, s'en donnera à cœur joie avec ce véritable puzzle d'acier, d'inox et de Duralumin.

Fin septembre 2003, l'équipe d'Aéro-Re.L.I.C vient examiner les références mises à jour, pour comparaison avec les archives.

Ah, « ils » veulent des numéros de série ? Eh bien ils vont en avoir.

« Lockheed identifie ses avions par quatre chiffres distincts MSN (*Manufacturer Serial Number*), ou *LAC number* (*Lockheed Aircraft Corporation*) identifié par les lettres C/N (*Constructor Number*) dans la nomenclature technique du P-38, en vue d'un suivi rigoureux tout du long de la chaîne de montage », explique Castellano.

Avec Christian Vigne et Brian Cyvoct, respectivement vice-président et secrétaire d'Aéro-Re.L.I.C, il se met à l'ouvrage. Christian, mécanicien expert, se charge du turbocompresseur – plus de 60 cm de diamètre, environ 60 kg. La pièce a été libérée de son logement et séparée de la poutre en Duralumin. Seuls sont encore en place et toujours solidement vissés la tubulure (chambre) de dilatation des gaz d'échappement, suivie de son raccord en « Y » et des deux tubes tordus qui partaient se fixer sur les échappements du moteur V-12. Ces pièces, en acier inoxydable de fortes sections, sont dans un état d'écrasement impressionnant...

Brian, spécialiste ès chiffres, relève les dimensions et indications sur la poutre. Certaines parties ont été brisées lors du dernier chalutage. Deux petites plaques en inox soudées par poinçonnement subsistent toujours, sur lesquelles est gravée la mention « Solar », société sous-traitante de l'époque, basée à San Diego, en Californie. Brian poursuit son examen, quand soudain il repère un numéro qui ne ressemble en rien à ceux qui sont emboutis automatiquement sur une chaîne de montage. Il comporte quatre chiffres, suivis de la lettre L, le tout frappé manuellement – hors norme, donc – et situé à l'intérieur d'une partie difficilement accessible, puisque cachée à l'origine par le turbocompresseur.

« Cette série de chiffres est 2734 L, raconte Castellano. J'avoue ne pas réaliser son importance sur le moment. Il n'a pas été gravé n'importe où : sur la nervure de renfort de jointure du capotage supérieur de la poutre et du logement du turbocompresseur, soudée par poinçonnement, comme s'il fallait qu'il ne disparaisse pas en cas d'accident !

« C'est principalement cet état de fait qui nous a mis la puce à l'oreille. La lettre L qui suit le numéro 2734 a un côté amusant, car il s'agit tout simplement d'un 7 retourné. L'ouvrier de la Lockheed qui a apposé ce marquage ne semble pas s'être ennuyé à chercher le poinçon L correspondant, et s'est simplifié la tâche en retournant le chiffre 7. Cette lettre doit obligatoirement désigner l'initiale de l'avionneur Lockheed... »

Les trois hommes consultent fiévreusement les fiches techniques de Lockheed, les fameux numéros MSN/LAC ainsi que les matricules militaires (*serial numbers*) de chaque appareil de type Lightning. De fait, la série LAC englobant les numéros 2703 à 2812 concerne la totalité des bimoteurs Lockheed Lightning de la variante F-5B, dérivés de la série J-10 LO, soit cent dix appareils...

Brian s'affaire avec sa calculette à faire coïncider les séries civiles et militaires. Un numéro va s'accorder sans aucune erreur possible avec le 2734...

L'opération est recommencée. Par trois fois, le même numéro apparaît.

Et bingo ! Mais alors là, en or massif.

L'unique *serial number* correspondant au LAC 2734 est le 42-68223 : ... Saint-Exupéry !

« Christian ne dit rien, Brian a les yeux qui brillent ; pour ma part, c'est comme si mon horloge interne s'était arrêtée... »

L'émotion passée, ils songent que le monde est bien méchant et qu'il y aura toujours des gens de mauvaise foi pour contester la découverte. C'est le syndrome Bianco, avec sa gourmette.

Castellano appelle Jack Curtis, en liaison avec Gil Ceffarat, l'ancien ingénieur aéronautique de chez Lockheed.

Les deux Américains ne chôment pas. Ils envoient les documents. Les quatre chiffres avancés correspondent bien au F-5B, cependant la lettre « L » qui suit n'cst pas l'initiale de Lockheed, elle indique seulement que la poutre est celle de gauche : *Left*... Mince ! On n'avait pas pensé à ça ! Les messages électroniques vont régulièrement traverser l'Atlantique dans les deux sens, jusqu'au sésame : la lettre officielle de la Lockheed Aircraft Corporation certifiant l'authenticité de la découverte.

18

Quelles seront dès lors les relations avec la famille de Saint-Exupéry ? Il paraît regrettable d'avoir formellement identifié un avion recherché depuis soixante ans sans avoir de contacts avec les héritiers. Les autorisations officielles sont enfin arrivées, les opérations sont supervisées par le Département des recherches archéologiques subaquatiques et sous-marines (DRASSM) de Marseille. Les patrons de la Comex et d'Aéro-Re.L.I.C envisagent un rapprochement avec les ayants droit. Becker, lui, est plus circonspect, mais se rallie à leur point de vue.

Quant à Bianco – que nous avions presque oublié, mais qui demeure avec son appel –, il est vent debout !

Le 7 avril 2004, les frères Jean et François Giraud d'Agay viennent contempler les vestiges dans les locaux de Géocéan. Ils sont désormais en première ligne, car Frédéric a perdu sa fonction de président de la Société pour l'œuvre et la mémoire de l'écrivain... Jean semble malgré tout agacé :

– Pourquoi ne pas nous avoir tenus informés de la poursuite de vos travaux ?

– Mais parce que, même si nous savions les pièces authentiques, nous n'étions pas assurés d'y découvrir des numéros d'identification.

– Il n'empêche que nous aurions dû être avertis par principe.

– Le DRASSM ne peut pas appeler la famille chaque fois qu'un vestige d'avion est sorti de la mer entre Menton et Marseille.

L'héritier persiste dans son humeur :

– Notre oncle n'avait aucune raison de venir disparaître en ces lieux...

Hervé Vaudoit, journaliste à *La Provence* – « très précis et très fiable, Hervé », tient à souligner Vanrell –, assiste à la scène avec Castellano et Grandjean. C'est lui qui va trancher le débat.

Avec à-propos, il rappelle que lors de sa fameuse mission sur la Savoie, le 29 juin 1944, jour anniversaire de ses quarante-quatre ans, Saint-Exupéry, suite à un ennui moteur, avait préféré « tirer droit » sur la Corse en franchissant les Alpes pour survoler la plaine du Pô et rejoindre sa base au plus vite. La route choisie l'avait amené à survoler Gênes et son port, âprement défendus par plusieurs batteries de Flak. Si Saint-Exupéry avait été abattu ce jour-là, qu'aurait-on dit ? Qu'il était absolument anormal de le retrouver dans le secteur de l'Italie du Nord, et plus encore au-dessus de Gênes, défendue par les Allemands. Et pourtant !

Jean agrée cette démonstration, achevant toutefois sur cette remarque :

– On veut bien admettre que cette épave soit celle de l'avion à bord duquel a disparu notre oncle. Mais c'est insuffisant. Il nous faudra d'autres preuves.

Insatisfaits vraiment, les frères d'Agay ? Ému devant les vestiges, François expliquera que, dans l'immédiat, il faut un peu recul à la famille. Un peu d'intimité, aussi.

La cause est entendue.

Dans les premiers jours d'avril, la presse annonce l'identification définitive de l'avion de Saint-Exupéry. Au siège de la société Immadras, les appels arrivent du monde entier. Toute l'équipe est sous tension, les rendez-vous télévisés se succèdent.

Conférence de presse officielle le 9 avril 2004, base d'Istres, 10 h 30. La zone militaire a revêtu ses habits d'apparat. L'équipe est reçue par le haut commandement.

Le général Alban, alors directeur du musée de l'Air et de l'Espace du Bourget, est aussi présent, tout comme les représentants du DRASSM. Les vestiges du Lightning de Riou sont présentés sur un tapis rouge.

« Si tout le monde s'affaire et se bouscule pour les prendre en photos, les filmer, les toucher, pour moi – observe Philippe Castellano – il se passe quelque chose de curieux qui m'interdit de les approcher. Non pas du fait de la foule, mais parce qu'en mon for intérieur, j'éprouve une gêne. Je ne les approcherai donc pas, gardant le souvenir intact de ces vestiges tels que je les ai vus pour la première fois, tels qu'ils étaient le jour où "ils" nous ont offert le numéro qui allait changer le cours de l'histoire. »

Ils seront bientôt envoyés au musée du Bourget. La page de la Côte-d'Azur se tourne.

23 juin 2004. Musée de l'Air et de l'Espace. Jour de gloire et grand raout, avec autorités civiles et militaires. À la table d'honneur, les frères Giraud d'Agay en compagnie du ministre des Anciens Combattants. Seule question : mais où sont les inventeurs de la gourmette et des vestiges du F-5B ? L'équipe de Marseille a été informée que les festivités seraient scindées en deux pour éviter tout froissement avec les Giraud d'Agay. Le 23 au soir pour la famille. Le lendemain 24 : « Soirée des découvreurs »...

Seules deux personnes de l'équipe ont été officiellement invitées pour le 23 : Henri Delauze, qui aura l'élégance de se défausser, et Pierre Becker. Réduits à l'état de « plongeurs », les autres n'apprécieront guère la manœuvre. Castellano s'apercevra en outre, et non sans désagrément, que son rapport d'expertise permettant, ès qualités de responsable scientifique, d'obtenir des autorisations de fouilles, a été parasité par une autre signature.

La soirée officielle du Bourget est donc largement médiatisée. Le lendemain, au tour des inventeurs. Conciliants, ils ont quand même accepté l'invitation. Ils vont s'en mordre les doigts. Jean-Claude Bianco et son second Habib Benhamor, Luc Vanrell et Philippe Castellano (Cayol a eu un empêchement) se retrouvent devant l'entrée du musée, vers 17 heures. Ils attendent à la billetterie, comme tout le monde.

Enfin, les portes s'ouvrent. Ils excipent à nouveau de leur identité mais l'information ne remonte toujours pas. Au bout de deux heures – heureusement employées à la visite du musée –, le téléphone portable de Luc sonne. C'est Patrick Grandjean, du DRASSM, qui les attend au buffet. Pas de tables réservées, comme au raout de la veille, et encore moins de serveurs. Bah ! Ils échangent quelques mots avec le général Alban qui semble plus distrait que jamais, et qui s'éclipse dans la foule... 20 heures, quasiment rien mangé. De quoi être de mauvaise humeur.

Castellano remet la main sur le général Alban et lui dit fermement ce qu'il pense : recevoir comme des gêneurs des gens venus du sud de la France – à leurs propres frais, voyage et logement ! – pour une soirée dont ils sont prétendument les invités d'honneur est une honte. L'équipe tourne le dos audit général et quitte les lieux.

De retour à Marseille, la vie va reprendre son cours. L'aventure Saint-Exupéry est-elle close ?

Oui. Pour le monde, sauf deux personnes.

Luc Vanrell, qui commence sa seconde enquête.

Et Jean-Claude Bianco qui se débat toujours avec les Giraud d'Agay. Achevons donc au plus bref cette histoire-là...

Jean-Claude a pris de la distance. Plus personne ne met en doute l'authenticité de sa découverte. Il se déclare prêt à renoncer à toute action en justice à l'encontre des ayants droit si ces derniers lui envoient une lettre de remerciements pour avoir remonté le bijou. Mais peine perdue.

L'affaire ira, en conséquence, à son terme.

En mars 2005, notre marin pêcheur est encore débouté et condamné aux dépens. Ce n'est qu'à l'automne, après avoir assez tristement fêté le septième anniversaire de sa découverte, qu'il obtiendra un début de reconnaissance. Le 30 octobre, une lettre signée par François Giraud d'Agay l'informe que la gourmette sera confiée au musée du Bourget, et qu'en qualité d'inventeur, il sera convié à la remise officielle.

14 décembre 2005, autre courrier, à l'en-tête du musée. Le nouveau directeur, Gérard Feldzer, l'invite pour le 29 juin 2006, jour anniversaire de la naissance de Saint-Exupéry, en 1900.

Jean-Claude accepte, en précisant que son principal souhait serait qu'une photographie de son chalutier *L'Horizon* soit exposée au sein du futur Espace Saint-Exupéry, avec les noms de son équipage. L'inauguration aura lieu une semaine plus tôt que prévu. Jean-Claude y verra un superbe Caudron Simoun (le même que celui avec lequel l'auteur du *Petit Prince* s'était écrasé dans le désert libyen), des carnets de notes, des effets personnels, des photographies, la croix de la Légion d'honneur ; la jambe de roue ainsi que l'écope d'entrée d'air du turbocompresseur, retrouvées au large de Marseille par Luc ; et puis, la fameuse gourmette, dans un écrin de Plexiglas, et comme suspendue dans le vide. En vérité, la famille l'a prêtée au musée. Elle se réserve le droit de la récupérer, si le musée Saint-Exupéry vient à voir le jour...

« Cette rencontre entre Antoine et le pêcheur marseillais n'a pas été anodine, conclut Philippe Castellano. La gourmette en argent est revenue à la France. Et, à Pâques 2007, la France a eu un nouveau chevalier dans l'ordre de la Légion d'honneur : Jean-Claude Bianco ! »

19

Que m'avait-il confié, Luc Vanrell, sous le sceau du secret, alors que nous sortions du studio d'Europe 1, en avril 2004 ?

Durant une heure et demie d'émission nous avions évoqué avec Delauze et Castellano la découverte de l'avion de Saint-Ex, mais personne n'avait pu répondre à la question essentielle : « Que s'est-il exactement passé le 31 juillet 1944 ? »

Comment s'est déroulée cette dernière mission ? L'hypothèse du suicide est-elle sérieusement envisageable ? S'est-il perdu ? Que venait-il faire si près de Marseille, alors que sa route logique de retour prévoyait un passage bien plus à l'est, dans la région de Nice ? A-t-il été abattu ? Par qui, et dans quelles circonstances ?

En aparté, Luc me confie qu'il s'est attelé à l'élucidation de cet ultime secret. Je l'ai suivi mois après mois dans cette passionnante enquête. Elle vient d'aboutir. En voici le récit :

« Et dire que tout a débuté avec une gorgone posée au fond de la mer, sur un plan de sable et de vase ! soupire Luc en souriant. L'un de ces minuscules détails que seul un plongeur peut repérer : la chose qui cloche, qui ne devrait pas être. Les gorgones sont des colonies de polypes disposés comme des fleurs sur un squelette en forme d'arbrisseau aux branches souples et cornées. Ce sont des êtres vivants qui ont besoin d'un corps solide pour s'arrimer et prospérer. J'approche, gratte le sol et trouve dans la vase une partie solide. La gorgone a poussé sur un moteur ! Un 6 cylindres en ligne. Un engin de bateau ? Une fois dévasé, c'est un V12. L'un des deux V1710 Allison qui équipaient l'avion de Saint-Ex ? Je repère un numéro et un curieux logo : une tête de coq, avec une flèche en dessous. Cela me rappelle quelquc chose, mais quoi ? Or quelques heures plus tard, alors que je suis sur la route, je me retrouve derrière une Skoda, avec le fameux logo vert, noir et blanc ! En vérité, une coiffe d'Indien, en souvenir des voyages aux États-Unis effectués par Emil Skoda, qui fonda la marque en 1925 en République tchèque. J'ai découvert, mais je ne le sais pas encore, le fameux moteur Messerschmitt qui va tant me tourmenter, et pour lequel Jack Curtis me dira de ne pas me désespérer. »

C'est le point de départ de la seconde enquête de Luc. Dans cette affaire, il aura deux partenaires majeurs : Philippe Castellano, et l'Allemand Lino von Gartzen, un expert en brevets techniques – il procède à des analyses comparatives de brevets internationaux pour les industriels. Lino est un passionné d'archéologie sous-marine, fondateur en Bavière d'une association qui a acquis une vraie légitimité en matière de fouilles. Tout comme Castellano, il a repéré Luc grâce à sa première découverte du bombardier Junkers 88, en 1989. Et l'affaire Saint-Exupéry l'intéresse...

« Il est venu nous voir un beau jour, sur le mode le plus simple : "Bonjour, je suis passionné de plongée et d'histoire..." »

Il a effectué de nombreuses recherches dans les lacs d'Allemagne, et s'est spécialisé dans l'identification d'avions de la Luftwaffe. Lino von Gartzen va faire un travail exceptionnel qui permettra de dater le moteur de l'appareil, de savoir notamment si, oui ou non, comme certains journaux l'ont fantasmé, on ne serait pas en présence de l'ennemi de

Saint-Exupéry, les deux combattants s'engloutissant ensemble.

L'expertise de Lino se fera au musée historique de la base aérienne d'Oberschleissheim, près de Munich. Jean-Luc Massy, qui a remplacé Patrick Grandjean à la tête du DRASSM, autorise l'opération.

« Ce que nous ignorions encore, poursuit Luc Vanrell, c'est qu'avec le moteur apparaîtrait le canon de 20 mm attenant, entre les deux V inversés, qui tirait au travers du moyeu d'hélice ! Il aurait très bien pu y avoir encore un obus dedans... Heureusement ce n'était pas le cas, le canon était arraché, montrant, ainsi que d'autres équipements, les traces d'une forte poussée vers l'avant et surtout vers le haut, probablement les conséquences d'une tentative d'amerrissage manquée. »

L'ensemble fait la taille d'une petite voiture... Il est dégagé de sa souille, remonté en surface avec l'aide d'un parachute de trois tonnes de poussée et remorqué jusqu'au port de la Pointe Rouge. On le rince, on le conditionne sous plastique. Et Lino prend la route, avec une remorque de 4x4... Schengen a beau avoir libéré les frontières, imaginez l'entrée en zone frontalière avec un équipement historique militaire sur remorque – mais l'attaché militaire de l'ambassade d'Allemagne à Paris a été d'autant plus amical et efficace qu'il est lui-même plongeur. Il a établi nos papiers en urgence. L'intendance a suivi.

« C'est ainsi que nous arrivons à Oberschleissheim. Lino opère le démontage. Le logo Skoda révèle son mystère : les carters du moteur ont été fabriqués sous licence en Bohême, alors sous domination du Reich. Les numéros de série appartiennent à Daimler Benz : DB601, équipant notamment les Messerschmitt Bf 109. Lino consulte les archives Mercedes, celles de Bosch pour les bougies, qui ne sont pas toutes du même type : le Reich s'épuise sur le front de l'Est, la Luftwaffe connaît des problèmes d'approvisionnement. Lino recense les diverses modifications apportées à l'appareil. Un vrai moteur-caméléon ! Le système d'injection, pièce essentielle pour la datation, a été fabriqué chez un sous-traitant : "L'Orange". Au final apparaît notre "fenêtre chronologique" : de fin 1942 à début 1944. Profil : Messerschmitt type F-4. »

Grâce aux archives allemandes, Lino et Philippe Castellano déterminent que seuls deux avions F-4 ont disparu sur le secteur de l'archipel de Riou. Le premier, le 2 décembre 1943 : « Combat aérien entre des P-38 Lightning du 14th Fighter Group, couvrant une formation de bombardiers quadrimoteurs B-17 venus détruire les installations portuaires de Marseille. Sept chasseurs de type Messerschmitt Bf 109 et Focke Wulf 190 ont été accidentés, détruits ou ont disparu en mer ce jour. Le seul Bf 190 type F4 werk nummer 8085 perdu sur le secteur est le "12 Rouge", piloté par l'Uffz [1] Alexis Fürst von Bentheim, disparu corps et biens. »

Le deuxième appareil, perdu le 21 janvier 1944 est le « 14 Blanc », piloté par l'Uffz Edmund Stoppant, lequel se révélera au final s'appeler Stoppani. Problème de frappe, ou mauvaise copie. La recherche est une longue patience. Mais ce n'est pas tout : les examens des techniciens du musée d'Oberschleissheim déterminent que le moteur étudié appartient à un Messerschmitt type F-2 accidenté, qui fut remis au standard F-4, avec notamment un engin de type DB601 E, d'où un numéro de série d'usine non compatible avec son type. Et c'est l'avion... du jeune pilote Alexis von Bentheim, mort en mer lors de sa toute première mission. Que l'avion de

1. Abréviation de *Unteroffizier* : sous-officier.

Saint-Exupéry soit venu se poser sur lui huit mois plus tard est une extraordinaire coïncidence.

Mais Lino von Gartzen n'a pas attendu que les avions livrent tous leurs secrets pour aller voir les hommes. Il fait une première recherche sur le nom Stoppant et trouve une famille de ce nom, mais dont le dernier représentant vivait au XIXe siècle... Pour ne pas perdre plus de temps dans cette impasse – l'avenir lui donnera raison –, il décide d'aller voir la famille d'Alexis. Les princes de Bentheim et Steinfurt sont très connus en Allemagne. Ils sont alliés à plusieurs familles régnantes européennes. Christian a hérité du titre de Fürst au décès de son frère Alexis. Ce titre, entre prince et roi, n'a pas d'équivalent dans la noblesse française, il conférait au prince l'autorité de régner pleinement sur ses principautés : Bentheim et Steinfurt.

Lino a réussi à se procurer aux archives militaires de Fribourg un document exceptionnel concernant Alexis, membre de l'escadrille de chasse JGr [1] Süd. Par le biais des avocats de Christian von Bentheim, le frère cadet, qui fut lui aussi pilote de chasse, il fait savoir qu'il a des informations sur la disparition d'Alexis. La réponse est vive : « Appelez-moi au plus vite ! » Cela fait soixante ans que le prince cherche à savoir ce qu'il est précisément advenu à son frère.

Dès la première rencontre, le courant passe entre les deux hommes. Christian von Bentheim va pouvoir, grâce à Lino, réexaminer l'histoire, évoquer ces jeunes gens oubliés, contraints au sacrifice de leur vie alors qu'ils n'avaient aucun lien idéologique avec le régime nazi.

Concrètement, il ne sait que ce que la Luftwaffe a bien

1. Abréviation de *Jagdgruppe* : groupe de chasse.

voulu communiquer à son père. Le prince von Bentheim de l'époque avait reçu une lettre officielle mentionnant la disparition du jeune pilote au champ d'honneur. Difficile, dans ces conditions, de faire son deuil. Aucun détail sur la mission. Pas d'épave d'avion. Pas de corps. Christian était resté avec cette espérance au cœur qu'Alexis, grièvement blessé, aurait pu être récupéré par les Américains. L'espoir ne meurt jamais...

Or Lino lui apporte un rapport établi par un officier participant à cette fatale mission, un document exceptionnel, demeuré soigneusement enfoui dans les archives. En effet, la mort d'un fils de famille longtemps régnante en Allemagne n'est pas anodine.

Alors que les comptes rendus sont d'ordinaire rédigés en termes brefs, celui-ci s'étale sur une page entière et exalte la vaillance des intervenants. En voici la substance :

Le 2 décembre 1943, une escadre de cent dix bombardiers alliés escortés de cinquante chasseurs P-38 se dirige vers Marseille pour pilonner la base sous-marine. La Luftwaffe envoie en contre-feu trente chasseurs. Alexis von Bentheim est alors stagiaire pilote, en formation de combat. Il décolle avec son groupe derrière l'instructeur qui a décidé de montrer à ses élèves-pilotes les tactiques d'attaque, malgré la chasse ennemie et les tirs des tourelles des bombardiers. Il veut leur enseigner à quels endroits on tire, comment on approche des tourelles, etc.

Comme son mécanisme d'approvisionnement en munitions s'est enrayé, il dit à ses trois stagiaires de se mettre derrière lui. « Vous me suivez, au dernier moment je dégage, et vous, vous tirez quand je vous le dis ! » Il exécute la manœuvre, pour le moins osée, il passe, le second tire. Les deux avions suivants attaquent également, l'officier qui établit le rapport s'extasie sur cet héroïsme, comme s'il fallait à tout prix magnifier ce qui revenait à une opération kamikaze. Les P-38 contre-attaquent. Alexis von Bentheim disparaît corps et biens.

On comprend, à la lecture dudit rapport, la réaction du haut commandement qui n'a pas voulu que le prince von Bentheim apprenne comment un instructeur de la Luftwaffe avait mené son fils à l'abattoir.

L'officier signataire, quant à lui, mourra au combat deux mois après cet événement. L'affaire est donc étouffée et l'on décide de ne pas exposer inutilement le second et ultime descendant de cette branche des Bentheim. Le jeune Christian étant encore en entraînement, on le maintient plus longtemps que prévu sous ce régime, pour ne l'envoyer au combat qu'aux derniers jours de la guerre... Le pire, dans cette affaire, est de songer que jamais il n'y eut un seul sous-marin dans la base de Marseille. Les travaux n'étaient pas achevés. L'attaque alliée était donc inutile, et Alexis von Bentheim est mort doublement pour rien.

« Forts des renseignements donnés par ce compte rendu, nous cernerons au cours des mois suivants les chasseurs américains, raconte Luc Vanrell. Nous en avons identifié deux, malheureusement décédés. Mais ce n'est pas tant le côté américain qu'allemand qui pose problème en matière de documents. Malgré le fantastique travail de Lino, il nous manque des pans entiers d'archives de la Luftwaffe, à cause de la débâcle. L'ordre du haut commandement était de s'occuper avant tout des hommes. Des milliers de dossiers ont été détruits sur place. J'essaie de me procurer via Lino tous les rapports possibles, stations radar et radio. »

Christian von Bentheim rassemble tous les papiers concernant son frère, notamment son carnet de vol qu'il a reçu de manière privée – le privilège d'être connu – au début des années 1990. D'où vient l'envoi, exactement ? demande Lino au prince.

« J'ai conservé les enveloppes aux archives, dans les combles du château... il vous faudra affronter la poussière. »

Lino se met au travail et retrouve le nom du petit village au cœur de l'Allemagne d'où les papiers ont été postés. En 1945, nombre de groupes de chasse s'étaient repliés dans le Brandebourg, dans la région de Berlin. Ils sont à Neuruppin, Werneuchen, et plus loin à l'est dans les territoires polonais occupés, Hohensalza. La défaite est âpre pour les bases investies par les Soviétiques. Pour celles qui voient arriver les Alliés, l'épreuve est plus douce. Les Américains saisissent les archives et ne prennent que ce qui les intéresse : les pertes de leurs chasseurs, ou les témoignages concernant leurs propres victoires, valables pour la suite des carrières de leurs pilotes. En quittant les lieux, ils ont laissé aux populations environnantes le loisir de récupérer les monceaux de papiers qu'elles pourront recycler.

C'est ainsi que les documents adressés à Christian von Bentheim faisaient partie des stocks d'une imprimerie. Pris de scrupules, le patron ne les avait pas utilisés. Seul le carnet de vol du prince sera sauvé de la destruction.

« Il faut aller sur place, se dit aussitôt Lino. Retrouver les pilotes survivants, ou, à défaut, leurs familles, ou, à défaut encore, des gens qui ont récupéré des archives à la fin de la guerre. Peut-être trouverons-nous les pièces qui évoqueront la tragédie de Saint-Exupéry. »

C'est l'une des pierres d'achoppement de la démarche. On ne peut clairement évoquer Saint-Ex sans provoquer quelque gêne du côté allemand.

Mais avant de le suivre dans ce voyage, écoutons Luc Vanrell. Par l'entremise de Lino, il a donné certaines informations à Christian von Bentheim, qui en a été bouleversé. Il nous raconte cette étrange histoire.

20

« Mon premier contact avec la guerre remonte à ma découverte du Junkers 88. Cela avait fait sensation. Beaucoup de gens m'ouvraient leur mémoire. Parmi eux, Raoul Amary, ancien champion de chasse sous-marine.

« Le voici qui évoque devant moi son enfance durant la guerre. Il revoit un cockpit précipité du ciel, tout près de son bateau. Il a failli le prendre sur la tête ! Mais ce n'est pas cela qui le marque le plus. Il a dix ans, sa famille l'a confié à un couple de pêcheurs vivant sur l'île de Riou. Ils ont récupéré cette année-là, par jour de grand beau temps, le corps d'un aviateur qui flottait en surface devant les falaises du Grand Conglué. Qu'en ont-ils fait ? Il l'ignore. Il se souvient seulement des chemises en soie de parachute qui datent de cette époque. Raoul est un ami de mon père. Il n'est pas homme à raconter des histoires... Fin de l'épisode.

« Mais lorsque, un peu plus tard, intrigué par cette affaire, je veux en savoir plus, il se referme comme une huître. Je comprends qu'il n'aurait jamais dû m'en parler. Il a brisé un interdit.

« Les pêcheurs ont certainement récupéré le parachute et dépouillé le corps avant de le rejeter à la mer. Comme ils sont d'origine italienne, très catholiques, j'imagine leur embarras, leurs scrupules, et la leçon faite à l'enfant : c'est un secret. L'existence est difficile. C'est la guerre. Ils vivent tous trois en autarcie. Il n'y a pas d'autres habitants sur l'île, sinon quelques rats, des lapins et des goélands.

« Reste cette vérité : un corps d'aviateur flottant dans la mer. Je suggère à Raoul qu'il s'agit peut-être du pilote de mon épave.

« Mais il ne veut plus rien entendre et nous restons dans ce non-dit, jusqu'à ce que je me souvienne qu'en 1965, on avait trouvé un squelette sur l'île de Riou. Les journaux locaux en avaient parlé. Je fais la recherche. Un certain docteur Albert avait obtenu une concession de l'île pour y faire des recherches sur la faune et la flore. Passionné de cartographie, il en avait établi le premier relevé. C'est en voulant remettre en état un point d'eau antique, "la fontaine des Grecs" – Riou vient de rio, le ruisseau, la rivière – qu'il est tombé sur un squelette sommairement inhumé au pied d'une petite roche, au-dessous d'un éboulis. L'homme est couché là, complètement dépouillé, sans aucun vestige du moindre vêtement.

« Il lui manque une jambe...

« De quand date ce corps ? Le docteur Albert fait appel à un anthropologue du muséum à Paris qui diagnostique un squelette ancien : l'homme mesure 1,77 m, sa carrure est plus imposante que la moyenne des anciens Provençaux. Pour l'anthropologue, qui se pique d'histoire, c'est l'un des pirates turcs qui ont pris d'assaut l'île en juin 1527 ! Riou servait de vigie. De relais côtier en relais côtier, Marseilleveyre, Notre-Dame-de-la-Garde, Vieux-Port, elle avertissait Marseille des incursions barbaresques. Cette année-là, huit fustes turques, petits navires rapides, opérant en razzia, avaient enlevé les gardes.

« Grande taille, forte mâchoire. Observant le prognathisme de la mandibule, l'anthropologue disserte sur l'abrasion avancée des plateaux dentaires en imaginant la consommation par ledit Turc d'une farine broyée avec une meule archaïque... Le docteur Albert en restera à cette version-là.

« Mais qu'est donc devenu ce fameux squelette unijambiste sans âge ni identité ? Je me mets sur sa piste ; ni la police judiciaire (pas de disparition suspecte), ni la direction des antiquités ne l'ont réclamé. Dans les années soixante, les médecins avaient souvent un crâne, en guise de presse-papiers, ou un squelette, pour montrer aux enfants. Il n'est pas impossible que le docteur Albert l'ait conservé. Il est décédé. Je retrouve sa fille, qui vit en Californie. Passionnée d'archéologie, elle se rappelle très bien la découverte. Chez sa mère, en France, demeurent trois vertèbres. Elle m'en confie une. Le crâne est aux États-Unis. Le reste a fait partie du débarras, à la mort du père... Lorsque je lui dis que j'ai pris contact avec elle dans le cadre de mes recherches sur Saint-Exupéry, elle est catastrophée. Un crâne dans sa cuisine à côté de celui d'un gorille, pour expliquer aux enfants les mystères de l'évolution ! Elle me transmet des photos. Nous vérifions le prognathisme ainsi qu'une suture au niveau du front qui normalement disparaît à l'âge adulte.

« L'examen de la mâchoire prouve l'erreur de diagnostic de l'anthropologue : le prognathisme semble corrigé par orthodontie, ce qui marque la modernité des vestiges. Quant à l'analyse de la vertèbre, elle révèle que ces ossements appartiennent à un jeune homme âgé de vingt à vingt-cinq ans. Nous voici loin de Saint-Exupéry.

« Et là, Christian von Bentheim chancelle, car ce prognathisme est l'une des caractéristiques de sa famille. Elle est très visible sur les photos de son frère. Il se souvient d'en avoir bavé, au vrai sens du terme, avec son frère, lorsqu'ils ont tout deux été corrigés avec d'épouvantables appareils. Les séances d'orthodontie d'avant-guerre... On avait diminué l'avancée de leur mâchoire inférieure. Quand le rapport des mâchoires est modifié, l'occlusion franche en état de veille disparaît au lors du sommeil. On le cherche de façon inconsciente, ce qui détermine de forts grincements de dents, d'où l'usure des plateaux dentaires [1].

« Christian von Bentheim a accepté le principe d'une vérification ADN entre cet inconnu et lui...

« Terrible détail que celui de l'absence de la jambe. Le docteur Albert avait imaginé une amputation, mais c'est un acte chirurgical où l'on laisse le plus long moignon possible. L'anthropologue, lui, avait envisagé un membre perdu lors du combat. Or les documents photographiques du docteur Albert ne montrent pas un corps amputé, mais désarticulé au genou. Blessure d'arrachage caractéristique du Messerschmitt 109, au moment d'un crash. Le pilote a les pieds sanglés dans les palonniers, les genoux sous le tableau de bord. S'il est éjecté, la ou les jambes restent dans le cockpit... Plus rien au niveau du genou. Pas de rotule, évidemment... Pilote mort d'un traumatisme majeur.

« J'ai commencé cette enquête en pensant à Saint-Exupéry. Ce n'était pas en vain.

« Tout porte à croire que Christian von Bentheim pourra faire le deuil de son frère aîné. »

1. Cette pathologie est appelée bruxisme nocturne.

21

Et Saint-Exupéry ? Passant des archives à la recherche des survivants, Lino von Gartzen sillonne le pays. Il a recensé environ cent trente vétérans des groupes de chasse, et ciblé cinq noms intéressants : ceux qui étaient au bon endroit, au bon moment. Il va les voir successivement, commence par parler de l'avion de von Bentheim. À ce stade, tout va bien, mais sitôt qu'il mentionne le 31 juillet 1944, brusquement, les anciens se referment. Ils forment un groupe restreint. Il y a de forts risques pour qu'ils aient passé entre eux un pacte de silence. Dès le 1er août 1944, au plus tard le 2, ils étaient tous au courant, leurs stations d'écoute ayant intercepté les communications des Américains à la recherche de Saint-Exupéry.

Mais pour Saint-Ex, c'est l'omerta. Il est l'Aviateur avec un grand A, l'esprit qui vole, le héros symbolique, sa mort est un poids trop lourd à assumer.

Lino commence à désespérer. Il poursuit ses entretiens avec les pilotes dont la liste s'amenuise. L'un d'entre eux se plaint de son grand âge. Il n'a plus guère de souvenirs. Quand, finalement, il lui dit de s'adresser à Horst Rippert, qui a fait partie un temps du JGr 200. « Appelez-le, recommande-t-il, ajoutant : Il sait encore des choses à propos de Saint-Exupéry et son esprit est très clair. »

Lino trouve le numéro de téléphone. Il appelle Horst Rippert.

Mais laissons-le raconter son histoire telle qu'il l'a vécue.

« Je me suis présenté comme un historien recherchant des détails sur un moteur de Messerschmitt retrouvé avec les débris de l'avion de Saint-Exupéry.

« Et il m'a répondu tout à trac : "Vous pouvez arrêter de chercher, c'est moi qui ai abattu Exupéry !"

« Au téléphone ! Je n'étais pas préparé à un tel choc. Je suis resté silencieux quelques secondes, puis l'ai prié de répéter. Il l'a fait. Je lui ai demandé des détails. Il m'a répondu : "Quels détails ? Je n'en ai guère !"

« Deux jours plus tard, je file vers le nord-ouest de l'Allemagne. Rendez-vous avec Rippert à trois heures de l'après-midi. Comme je suis un peu en avance, j'attends dans ma voiture. À trois heures pile, je sonne. Il ouvre, me fait entrer et, se tournant vers sa femme : "Ce jeune homme est ponctuel à la seconde. C'est bien !"

« Bon point pour moi...

« Malgré ses quatre-vingt-huit ans aujourd'hui et ses cheveux de neige, Horst Rippert a gardé l'aspect solide, râblé, de ces hommes faits à chaux et à sable. Pas particulièrement ému. S'exprimant de cette manière un peu forte, saccadée, propre aux vieux Allemands. On va droit au but. Pas de périphrases à la française. J'ai connu pas mal de vieux messieurs de cette époque-là qui s'expriment de la même manière.

« Nous avons abordé les événements de l'été 1944. Le tout n'était pas de recueillir un témoignage, encore fallait-il des preuves. L'accumulation de détails m'a convaincu. Horst Rippert, les archives l'attestent, était basé au groupe Süd JGr 200, dont de nombreux vols se déroulaient sur les zones de Toulon et Marseille. Et surtout, il a fait des rapports de mission. Si solide qu'il soit, sa voix a tremblé lorsqu'il m'a raconté ses réactions lors de notre découverte de l'épave : il était désormais sûr, hélas, d'avoir abattu Saint-Exupéry.

« Depuis, il "attendait" que "quelqu'un" l'appelle et lui demande de le rencontrer. Il était mûr pour en parler en confidence, mais, trop meurtri, il refusait que "cela" soit publié. Ce serait une bombe dans sa vie, une catastrophe. Bien après la guerre, il avait dirigé le service des sports de la seconde chaîne de la télévision allemande et, dans ce cadre, avait participé à l'organisation des Jeux olympiques de Munich. Qu'aurait-on dit si l'on avait connu le détail de son passé ? Aurait-il pu faire une telle carrière ? Même à la retraite, il refusait que cela soit divulgué. Nous nous sommes donc séparés, convenant que ce serait notre secret, uniquement révélé à notre équipe de découvreurs.

« Et puis je suis revenu à la charge, le rappelant au téléphone pour lui dire qu'un jour, après sa mort, personne ne me croirait sur ma seule parole. Je risquerais même d'être pris pour un imposteur. Je lui ai demandé de me faire une attestation, afin que le mystère soit incontestablement éclairci un jour. Il a accepté, à condition que le document soit déposé chez son notaire et accessible uniquement après sa mort. (Voir le cahier photo et l'annexe 3.) Et puis, à force de patience et de persuasion, il a accepté le principe d'une interview filmée.

« Étrange rendez-vous avec l'Histoire. Il prononcera le moins possible le nom de l'écrivain, par pudeur, et comme en proie à une gêne fondamentale, le nommant parfois, au plus court, "Exupéry". »

Horst Rippert n'est pas un homme que l'on déchiffre comme on le ferait d'un livre ouvert. Il a une psychologie complexe. Lino von Gartzen se sent une responsabilité face à lui. Sans doute l'historien est-il arrivé au bon moment. Il s'en félicite. Sans doute Rippert a-t-il envie de se libérer de ce poids.

Mais quelle souffrance que cet aveu ! Aujourd'hui, Lino, lui aussi, culpabilise. Entre restrictions et vérité, confidences et non-dits, avec ce mot : *schade*, « dommage », l'ancien pilote du JGr 200 a raconté son histoire face à la caméra d'une équipe de télévision allemande. Voici son récit.

Horst Rippert. Plan 1. Débuts dans l'aviation

« Il se passait beaucoup de choses dans les airs avant la guerre, cela attirait tout naturellement les jeunes. Je me suis dit : voilà quelque chose pour toi ! Apprendre à voler ! J'ai obtenu dans le civil mon brevet de pilotage acrobatique – qu'on délivrait rarement à l'époque – et me suis retrouvé incorporé dans l'armée de l'air, affecté au commando Sud du groupe des pilotes de chasse. J'avais vingt ans. Nos missions étaient essentiellement d'escorte de nos bombardiers. Nous étions stationnés autour de Marignane, dans la bande côtière de l'étang de Berre, au nord-ouest de Marseille, sur lequel il m'est arrivé un jour de me poser, ou plutôt d'"amerrir". On a dû me repêcher avec un filet. Mon zinc a été hissé avec une grue d'une profondeur de 9 m. C'était un Messerschmitt 109, qu'on avait testé au cours d'une sortie. L'appareil a été ramené à terre dans le port, et il était accroché là, recrachant son eau, avec une demi-douzaine d'anguilles. Plus tard, la revue aéronautique *Der Adler* (L'Aigle) a publié un article : "Horst Rippert, le premier pilote de chasse allemand à avoir attrapé des anguilles avec son Messerschmitt 109 !"

« À l'été 1944, nous devions empêcher les bombardiers américains de pénétrer notre espace aérien. C'est ainsi que nous sommes intervenus au-dessus de la Corse et d'autres îles de la Méditerranée, tenant à distance les quadrimoteurs, bombardiers et autres flottilles ennemies. Le débarquement de Normandie avait déjà eu lieu. On espérait que l'opération tournerait court. Nous écoutions les nouvelles, avec la crainte constante d'une avancée des troupes alliées vers l'Allemagne. Nous tentions de réconforter nos familles : "Vous verrez qu'ils ne vont pas nous envahir." C'était notre devoir de les rassurer, de les soutenir, mais ce n'étaient que des mots, alors qu'en Normandie nos camarades se battaient...

« Ces combats incessants, nous les avons vécus quelques mois plus tard, en Allemagne, quand nous avons dû assurer un bouclier de protection. Pour empêcher l'ennemi de progresser, nous ne cessions de l'attaquer, pour donner quelque répit à nos formations terrestres et à notre artillerie. Il fallait nettoyer l'espace aérien, autrement dit voler – voler bien, frapper juste ! Je l'ai fait avec succès. Tous n'en sont pas revenus. Nous rentrions à la base, le temps de nous reposer, pour repartir sans tarder vers notre "territoire de chasse", comme nous l'appelions entre nous... »

PLAN 2. Ma tactique de combat

« Oh, je ne l'appellerai pas une tactique, c'était plutôt un besoin, une volonté de réussir. Tout d'abord, je voulais survivre. Ensuite, je voulais écarter l'ennemi en l'abattant, tout en évitant qu'il ne s'écrase sur des populations. Les cibles étaient donc les surfaces de l'appareil, et ses moteurs. Quand ils étaient touchés et les pilotes impuissants, paralysés, j'étais fier de les contraindre à un atterrissage forcé ou à s'éjecter en parachute. Pour moi, il n'était nullement question de tuer l'adversaire, mais de l'empêcher de voler. C'était cela, pour moi, le succès, attitude que j'ai cherché à diffuser dans mon groupe. Ils se disaient : le gars Horst, il tire bien et il en abat, mais sans faire de victimes. C'était une raison de satisfaction. Combien en ai-je descendu ? Une trentaine. Aujourd'hui, les statistiques donnent entre vingt-six et vingt-neuf ! Mais ce n'était pas ça l'important. Pour moi, c'était de voler, voler et canarder, mais proprement. »

PLAN 3. Un certain 31 juillet...

« Je me souviens parfaitement de ce jour-là. Je suis parti pour une mission de reconnaissance et d'interception vers Toulon puis Marseille[1]. Il fallait vérifier ce qui se passait dans cette zone où l'on avait repéré des avions américains. Tout à coup, après Toulon, j'aperçois ce Lightning à double fuselage se dirigeant vers Marseille, je me demande ce que vient faire ce type, tout seul, dans mon secteur... Je le laisse accomplir un arc de cercle, je vire à mon tour en pensant qu'il déguerpirait. Rien du tout. Je le suis. Il volait de manière bizarre, regardant toujours vers le bas, allant de-ci, de-là, décrivant de grandes courbes. Un vol que je qualifierai d'amateur, un style hésitant, à 2 000 m d'altitude. Quand on est dans un combat aérien très dur, et qu'on y est habitué, voilà qui n'est pas normal. C'était donc une mission d'observation. Ordinairement, le Lightning évolue à 10 000 m pour prendre ses photos. Là, il était beaucoup plus bas. Et il ne se souciait pas de moi ! La situation se prolongeait...

1. Le 31 juillet 1944, le JGr 200 ne dispose plus que de dix-neuf appareils dont seulement douze sont opérationnels. Ce manque de moyens va changer la stratégie du commandement qui préféra envoyer ses chasseurs directement vers les cibles potentielles des avions alliés, pour les prendre de vitesse, plutôt que de les lancer à leurs trousses.

« Alors je me suis dit : mon gars, si tu ne fous pas le camp, je vais te canarder. J'ai plongé dans sa direction et j'ai tiré, non pas sur le fuselage, mais sur les ailes. Je l'ai touché. Le zinc s'est abîmé. Droit dans l'eau. Il s'est écrasé en mer. Personne n'a sauté. Je ne saurais en dire davantage.

« Le pilote, je ne l'ai pas vu, et quand bien même, il m'aurait été impossible de savoir que c'était Exupéry. J'ai espéré, et j'espère toujours, que ce n'était pas lui. Dans notre jeunesse, à l'école, nous l'avions tous lu, on adorait ses bouquins, avec ceux de Karl May, ses aventures dans l'hémisphère sud et au-delà. C'était un mordu. Il savait admirablement décrire le ciel, les pensées et les sentiments des pilotes. Son œuvre a suscité la vocation de nombre d'entre nous. J'aimais le personnage. Je n'avais vu que quelques photos de lui. Ça ne m'aurait pas permis de le reconnaître dans les airs. Si j'avais su, je n'aurais pas tiré. Pas sur lui !

« Son zinc a fait une chandelle. On m'a appris plus tard que ce devait être celui d'Exupéry. Quelle catastrophe ! Mais qu'est-ce que tu as fait ! me suis-je dit. Mais je ne l'ai pas vu ! Je n'ai pas visé un homme que je connaissais. J'ai tiré sur un avion ennemi qui s'est abattu. Voilà. Voilà ce qui s'est passé. »

ENTRACTE. Chronologie des faits

Saint-Exupéry part vers 8 h 45 en mission de reconnaissance photographique à haute altitude sur le secteur de la Savoie. À 9 h 05 environ, la station radar américaine Colgate, basée au cap Corse, annonce son franchissement de la côte vers Hyères. 10 heures, la station radar allemande de Chazelles-sur-Lyon met la chasse de Bron et Aix en alerte : un appareil isolé effectue à haute altitude des va-et-vient entre Annecy et Grenoble, puis vire plein sud et disparaît. Les Allemands récupèrent son écho vers Draguignan. Des observateurs aériens de la Luftwaffe annoncent un appareil isolé qu'ils perdent de vue vers Castellane.

Horst Rippert a décollé d'Aix-les-Milles. Un artilleur allemand, à l'est de Toulon, signale le passage d'un bimoteur qui vole en louvoyant. Rippert rejoint le Lightning et l'abat. Il annonce sa victoire à la radio.

HORST RIPPERT. PLAN 4. Mon retour vers la base

« Lorsque je remporte une victoire sur un appareil ennemi, je suis tenu de le signaler par liaison radio. Je viens d'abattre un appareil de tel type, tombé à l'eau, à tel endroit, je crois près de Toulon, ça s'est passé comme ci et comme ça. Mes camarades au sol ont enregistré les faits, un appareil tel et tel parmi d'autres que notre mec a liquidés. Le mec, c'était moi. Qu'Exupéry se soit trouvé dedans ou non ne les aurait pas intéressés.

« À la base, on écoutait toutes les fréquences radio, y compris le poste français signalant qu'un Lightning avait été abattu, dans lequel se trouvait le célèbre écrivain et aviateur, etc. On ne pouvait que se poser la question : "Est-ce moi ou un autre qui l'a descendu ?" Car nous étions plusieurs à voler, ce jour-là, n'est-ce pas, l'un après l'autre... L'ouvrage qui a été écrit par la suite sur notre groupe de chasse a fait mention de l'événement. Avec les listes d'aéronefs ennemis abattus, les dates, etc. Je suis triste qu'Exupéry ait disparu. Je l'aimais pour ce qu'il était : l'un de ces écrivains qui vous prend et ne vous lâche plus.

« Un camarade que j'avais formé comme pilote m'a dit : "Prie le Seigneur que cela n'ait pas été lui. Ce qui est fait est fait. C'est trop tard maintenant. Que ce soit lui, je m'en doute bien, mais la question de savoir si c'est toi ou un autre qui l'a abattu, n'y pense plus !" Je l'ai remercié. Ses mots m'ont un peu apaisé. »

PLAN 5

« Que pouvait-on enregistrer officiellement, sinon un avion perdu pour les Américains ? Rien de plus... Moi, j'étais revenu et j'avais ramené mon zinc... Je me souviens d'une histoire pénible qui m'était arrivée lors d'une précédente déclaration de victoire. C'était un quadrimoteur. L'équipage avait sauté en parachute. L'appareil était tombé. Un incendie s'était déclaré à l'impact sur l'eau. Mais un lieutenant, qui manifestement ne me voulait pas de bien, m'a rétorqué :

– Ne bougez pas, il faut qu'on vérifie, vous avez fait une fausse déclaration.

– De quoi, de quoi ?

– Oui, vous avez parlé d'un incendie à l'impact. Ça n'existe pas ! Dans l'eau, rien ne peut brûler.

« J'ai fait appeler le chef de l'escadre de chasse du secteur Sud pour qu'il témoigne. Il a déclaré que ce blanc-bec de lieutenant n'avait aucune idée de ce qu'étaient les combats au-dessus de la mer : lorsque le carburant explose lors de l'impact, il brûle effectivement sur l'eau. Alors on m'a relâché, et tous les copains jubilaient. L'affaire était réglée. C'était moche de la part de l'autre, un abruti, un ignorant qui m'accusait de faux. C'était grave, car j'aurais pu me retrouver longtemps au trou, ou être rétrogradé.

« Il y avait des raisons à cette hostilité, car je n'avais pas mon attestation d'aryanité, faute de quoi l'on vous considérait comme juif, demi juif ou quart de juif. J'appartiens à une famille de musiciens réputés. C'est une tradition qui vient de loin, pour une part de Russie. C'est ainsi que la voix qui a brillé dans le répertoire russe en débutant sous son vrai nom de Hans-Rolf Rippert est devenue célèbre sous le pseudonyme d'artiste d'Ivan Rebroff.

« Ivan Rebroff est mon frère cadet. Tout le monde connaît sa voix extraordinaire courant sur quatre octaves, lui permettant d'aller du ténor à la basse. On l'a interrogé aussi pour savoir s'il était... tout à fait casher. Au sein de la Luftwaffe, certains ont joué contre moi avec cette question d'aryanité. C'est ainsi que je me suis retrouvé interdit de vol, sur la foi de simples déclarations ou suppositions. Cela a duré plusieurs mois, jusqu'à ce qu'un as de l'aviation, chef d'escadrille très connu, déclare m'avoir observé quand je manœuvrais mon biplan lors d'un vol acrobatique. Il était incroyable, précisait-il, qu'un pilote de cette classe ne soit pas immédiatement réengagé sur le front. J'ai donc pu voler de nouveau à plein, et engranger un certain nombre de victoires.

« Le père Göring, lui-même, en me décernant la *Ritterkreuz* m'a dit : "C'est incroyable, je ne peux que m'excuser." J'ai été promu. Si, à titre personnel, je ne trouvais pas cela vraiment important, ça l'était pour ma famille. Un fils soldat, interdit de vol ! Puis on l'exonère et il recommence à voler. Quel soulagement pour tous ! »

ÉPILOGUE

Question : Quelle a été votre réaction lorsqu'on a repêché soixante ans plus tard l'épave du P-38 de Saint-Exupéry ?

Réponse : De l'émotion. Ni plus ni moins. Le résultat est là, et tout ce tralala a pris fin. Si je me présentais aujourd'hui en affirmant « c'est moi qui l'ai abattu », ça ferait du bruit, pour sûr. Mais je n'en ai pas l'intention. Exclu. N'en parlons plus. Voilà.

– Monsieur Rippert, merci beaucoup.

– C'est tout ?

– C'est tout.

– Dommage...

22

Dans *Terre des hommes*, Saint-Exupéry dépeint certaines heures passées au chevet de son compagnon de vol Henri Guillaumet, pilote de l'Aéropostale. Ce dernier a été victime d'un accident d'avion au cours d'une violente tempête de neige dans les Andes. Il a survécu grâce à son courage et à son sens du devoir. L'écrivain le veille dans sa chambre d'hôpital de Mendoza, où il se remet de graves blessures.

« Tu t'endormais enfin d'un sommeil essoufflé. Et je pensais : si on lui parlait de son courage, Guillaumet hausserait les épaules. Mais on le trahirait aussi en célébrant sa modestie. Il se situe bien au-delà de cette qualité médiocre. S'il hausse les épaules, c'est par sagesse. Il sait qu'une fois pris dans l'événement, les hommes ne s'en effraient plus. Seul l'inconnu épouvante les hommes. Mais, pour quiconque l'affronte, il n'est déjà plus l'inconnu. Surtout si on l'observe avec cette gravité lucide. Le courage de Guillaumet, avant tout, est un effet de sa droiture. [...] On veut confondre de tels hommes avec les toréadors ou les joueurs. On vante leur mépris de la mort. Mais je me moque bien du mépris de la mort. S'il ne tire pas ses racines d'une responsabilité acceptée, il n'est que signe de pauvreté ou d'excès de jeunesse. »

Est-il besoin d'insister sur le caractère quasi autobiographique de ces lignes ?

Depuis son miraculeux retour du survol de Turin et de Gênes, le 29 juin 1944, Saint-Exupéry avait l'impression d'être en sursis. Et le plus étrange, observe Curtis Cate[1], n'est pas qu'il ait disparu le 31 juillet, mais qu'il ait survécu jusque-là... Denis de Rougemont était proche de cette vérité en évoquant chez lui un « souhait de la mort », désignant un état d'esprit et non un geste mis à exécution.

Mais que faisait-il à si basse altitude, sinon la provoquer ? Une explication toute simple vient à l'esprit. Sachant qu'il accomplissait sa dernière opération, sans doute voulait-il rééditer l'exploit de sa mission sur Gênes et rapporter des photos si exceptionnelles qu'elles inclineraient le commandement américain à le garder en activité. Malgré sa répugnance pour le monde qui serait issu de la guerre, il se disait que s'il devait y jouer un jour un rôle, il fallait s'être battu jusqu'au bout. Mais alors pourquoi se mettre si délibérément dans la ligne de mire de l'Allemand Horst Rippert ?

Là-dessus, Gavoille nous livre un commentaire des plus éclairants : « Très grand, il ne pouvait faire un mouvement dans la carlingue étroite. Ses nombreuses fractures et blessures le faisaient terriblement souffrir en altitude, où un être normal supportait difficilement le plus petit malaise. Aussi, devant un tel affaiblissement de ses moyens physiques en altitude, et dans l'impossibilité de pouvoir tout faire, il s'était, je pense, résigné à éliminer la surveillance du ciel qui l'aurait obligé à des mouvements exténuants. »

Nous voici donc arrivés à la fin de notre enquête. Tout est clair, désormais. On connaît le lieu où s'est abîmé le commandant Antoine de Saint-Exupéry. On sait qui l'a abattu.

1. Curtis Cate, *op cit.*

Est-ce un bien ? Assurément, même si certains ont voulu prolonger indéfiniment le mystère. Combien de personnes ont clamé qu'il fallait laisser Saint-Exupéry reposer en paix ! Qu'il était vain de rechercher la vérité si longtemps après sa disparition. C'était, disait-on, l'intime vœu de Marie, sa mère. Mais dans un poème évoquant la disparition de son fils, daté de Pâques 1945, son message est bien différent de ce que l'on a prétendu : elle désirait connaître la vérité, toute la vérité.

Au matin de résurrection
Agenouillée, en oraison,
Je redirai votre prière,
Madeleine, auprès de la pierre,
Au jardin de Gethsémani :
« Seigneur, où l'avez-vous mis ? »

Partout, je cherche mon enfant,
Au jour de mon enfantement
J'ai crié, pour le mettre au monde,
Et je crie encore aujourd'hui,
Quand je ne sais plus rien de lui,
Plus rien, même pas une tombe.

Mais « sa faim de lumière était telle
Qu'il monta », pèlerin des étoiles.
Pèlerin du ciel, est-il arrivé
Aux balises de Dieu ? Ah ! Si je savais,
Je pleurerais moins sous mon voile.

Nous avons, pour notre modeste part, découvert l'ultime vérité de Saint-Exupéry, mort pour la France. Entre ciel et terre, nous la dédions à Marie, sa mère.

POSTFACE

Dans mes jeunes années, j'ai dévoré les écrits d'Antoine de Saint-Exupéry. Je m'imaginais, comme beaucoup d'autres de mon âge sans doute, dans la peau du pilote et de l'aventurier et puis j'ai oublié Saint-Ex, enfoui dans ma mémoire, ses livres cachés parmi d'autres...

De longues années plus tard, en arrivant sur les rives de la Méditerranée, des circonstances particulières allaient me conduire à nouveau à la rencontre de ce personnage mythique du xxe siècle et me rendre témoin de la résolution de l'énigme de son étrange disparition.

J'ai d'abord lu l'histoire rocambolesque d'une gourmette capturée par hasard dans les mailles du filet de pêche du bateau *L'Horizon* appartenant à Jean-Claude Bianco. Une histoire si extraordinaire qu'elle semblait impossible comme c'est souvent le cas pour celles qui, en archéologie, sont à l'origine des plus grandes découvertes. J'ai ensuite écouté Henri-Germain Delauze me raconter, à bord du *Minibex*, avec passion, chaleur et un peu d'amertume ses recherches restées vaines. Enfin, Luc Vanrell avec en main sa photographie d'un fragment de carlingue d'avion sur lequel étaient gravés quatre chiffres : 2 7 3 4, des chiffres qui seraient bientôt l'une des clés de l'énigme. Non content d'avoir localisé l'épave de l'avion, Luc Vanrell, aussi à l'aise dans les profondeurs des mers que dans la peau d'un enquêteur, se lançait à son tour avec opiniâtreté dans cette histoire sans savoir sans doute qu'il y mettrait un point final.

À l'occasion de nos rencontres, notamment lorsque ensemble nous allions vers un autre lieu qui lui est familier, la grotte Cosquer, il me faisait partager les avancées de ses recherches, me questionnant par exemple sur mes possibilités de prendre en charge la datation d'ossements humains trouvés sur l'île de Riou. Il m'adressait alors cette interrogation : « Est-ce que ce que je fais entre dans le domaine de l'archéologie ? » La réponse pour moi était évidemment oui ! Et c'est ainsi que pas à pas, point par point, il a collectionné l'information, accumulant tous les renseignements possibles (témoignages, données techniques, informations historiques...) pour reconstituer les unes après les autres les séquences du scénario de cette fin tragique survenue le 31 juillet 1944.

L'histoire est à présent totalement réécrite. Nous venons d'en lire les moments-clés tout en découvrant ses acteurs et témoins principaux. J'en connaissais pour ma part les grandes lignes mais je dois dire ma stupéfaction et mon admiration devant les détails que j'ai pu apprendre au fil des pages. La tâche était ardue, les obstacles – ici et ailleurs – nombreux et difficiles. Il fallait sans doute avoir la ténacité d'un homme de mer alliée à la rigueur d'un chercheur pour y parvenir !

À l'évidence, pour le journaliste il s'agit d'un véritable « scoop », pour l'historien de la reconstitution d'un fait d'importance nationale et pour l'archéologue, que je suis, un exemple extraordinaire de ce que peut apporter à l'histoire contemporaine une démarche archéologique. Quel exemple fabuleux que celui-ci qui, en partant de la mise en évidence de quelques fragments de tôle concrétionnés – sans intérêt pour beaucoup – parvient à résoudre l'une des plus mystérieuses énigmes du XXe siècle.

Je suis heureux de saluer ici l'aboutissement de ce travail scientifique qui n'a pu être possible que parce que Luc Vanrell possède à la fois les compétences qui siéent à un archéologue et une parfaite connaissance d'un territoire qui est presque son univers, la mer. Le mystère de la disparition d'Antoine de Saint-Exupéry est maintenant définitivement résolu. Cette enquête nous donne enfin, à nous scientifiques et gestionnaires du patrimoine, l'occasion de nous interroger sur la notion de bien culturel et elle nous montre que des vestiges archéologiques constitués d'objets industriels devenus anonymes peuvent trouver à nouveau un sens, une valeur scientifique et historique, par le simple fait d'une démarche archéologique.

Il restait à raconter au plus grand nombre cette fabuleuse aventure. Cela à présent est fait dans un style clair et vivant. Un grand merci à Jacques Pradel et Luc Vanrell. Concours de circonstances, à peu près dans les mêmes années à l'autre bout de la France, en Lorraine, des archéologues terrestres mettaient à jour dans une fosse les restes d'un autre grand écrivain, Alain-Fournier... Tous les archéologues, à leur rythme, avec méthode et parfois un peu de chance, concourent avec la collaboration de nombreux spécialistes au déchiffrement et à l'écriture de pages perdues de notre histoire contemporaine. Ils mettent en lumière de précieux vestiges de ce que l'on nomme aujourd'hui le Patrimoine, bien commun et fondement de notre identité nationale. Des travaux comme ceux que vient de mener Luc Vanrell sont pionniers et ouvrent pour la recherche archéologie française un vaste et prometteur champ d'investigations.

Xavier Delestre
Conservateur général du patrimoine
Conservateur régional de l'archéologie
de la Région Provence-Alpes-Côte d'Azur

Annexe 1

ANTOINE DE SAINT-EXUPÉRY, PILOTE DE GUERRE

1939

7 septembre, mobilisé à Toulouse-Francazal avec le grade de capitaine.
26 novembre, affecté au groupe de reconnaissance II/33 (Orconte, Marne), transformation sur Potez 63.

1940

Février, Marignane-Marseille, transformation sur Bloch 274.
29 mars, Orconte (Marne). Premier vol de guerre sur Bloch 274, durée 1 h 25.
31 mars, Orconte (Marne). Mission sur Cologne-Dusseldorf-Duisbourg, durée 2 heures, altitude 8 500 m.
1er avril, Orconte (Marne). Mission sur Cologne, durée 3 h 15, altitude 9 000 m.
23 mai, Meaux (Seine-et-Marne). Mission sur Arras, durée 1 h 20, touché par la Flak.
Citation à l'ordre de l'Armée aérienne, Croix de guerre.
9 juin, dernière mission de guerre.
20 juin, Bordeaux-Perpignan sur quadrimoteur Farman F-222, durée 2 h 15.

21 juin, Perpignan-Oran sur quadrimoteur Farman F-222, durée 5 heures.
22 juin, signature de l'armistice.
23 juin, Oran-Alger sur quadrimoteur Farman F-222.
4 juillet, destruction de la flotte française à Mers el-Kébir.
31 juillet, démobilisé.

1943

New York
1er avril, mobilisé par la mission du général Béthouart.
Laghouat (Algérie).
5 mai, retrouve le groupe II/33, effectue environ 30 heures de vols divers.

Oujda (Maroc)
4 juin, rejoint son groupe.
19 juin obtient le certificat d'aptitude aux vols à haute altitude.
25 juin, obtient le grade de commandant.
Transformation sur P-38.

La Marsa (Tunis)
2 juillet, arrivée du groupe.
10 juillet, déclenchement de l'opération Husky (débarquement en Sicile).
21 juillet, mission photographique du secteur La Ciotat-Toulon sur P-38. Mission réussie, durée 5 h 50. Cibles photographiées : Port-Saint-Louis-du-Rhône, Arles, Avignon, La Ciotat, Toulon, Hyères, Avignon.
1er août, objectif non précisé : mission interrompue, ennui moteur. Quelques dégâts à l'atterrissage, interdiction de vol par l'état-major américain.

12 août, mis en réserve de commandement avec 6 300 heures de vol à son actif, retour à Alger.

1944

Villacidro (Sardaigne)

29 avril, rejoint le groupe de bombardement I/22 de la 31e escadre où il est affecté. Effectue plusieurs vols sur B-26 comme copilote, observateur ou mitrailleur jusqu'au 16 mai.

Alghero (Sardaigne)

16 mai, Saint-Ex, toujours affecté au I/22 est détaché au II/33. Il arrive en compagnie du reporter John Phillips.

24 mai, reprend l'entraînement sur P-38.

4 juin, chute de Rome.

6 juin, débarquement de Normandie.

6 juin, mission photographique du secteur de Marseille sur F-5A/126. Mission non exécutée, demi-tour, moteur gauche en feu. Une heure à 10 000 m.

14 juin, mission photographique du secteur de Rodez sur F-5B/223. Mission réussie, durée 4 heures à 10 000 m. Secteurs photographiés : Gap, Carpentras, Gap, Arles, Gap, Millau, Figeac, Aigues-Mortes.

15 juin, mission photographique du secteur de Toulouse sur F-5B/273. Mission non exécutée, demi-tour, panne d'inhalateur d'oxygène. 25 min à 6 000 m.

23 juin, mission photographique secteur Avignon sur F-5B/273. Mission réussie, durée 3 h 50 à 10 000 m. Échappe à deux chasseurs ennemis au-dessus de La Ciotat.

29 juin, mission photographique du secteur Annecy-Chambéry sur F-5B/272. Mission particulièrement réussie, durée

4 h 15 à 10 000 m. Franchit les Alpes au retour, passe par Turin et Gênes, en rapporte de précieuses photos. Se pose à Borgo sur un moteur. Cette mission lui vaudra sa deuxième citation à l'ordre de l'Armée et sa seconde palme (Croix de guerre avec palme) [1].

1. Deux chasseurs ennemis le suivront un instant avant de virer, probablement persuadés qu'aucun appareil allié n'oserait se trouver à 2 000 m d'altitude au-dessus de Gênes. Plusieurs anecdotes naîtront de cette mission où Saint-Ex en difficulté et à basse altitude évitera le dangereux secteur Marseille-Toulon par la plaine du Pô qui deviendra alors dans ses propos le « Pô d'échappement ».

Annexe 2

31 juillet 1944 – Mission n° 33S176
Essai de reconstitution

8 h 45[1] environ (entre 8 et 9 h 30 suivant les sources), le commandant Antoine de Saint-Exupéry décolle du terrain de Borgo-Poretta, situé à une quinzaine de kilomètres au sud de Bastia, sur le F-5B n° 223 avec six heures d'autonomie pour une mission de reconnaissance photographique à haute altitude (10 000 m) sur le secteur de la Savoie et de la haute vallée du Rhône, Lyon/Chalon-sur-Saône.

9 h 05 environ (exactement vingt-cinq minutes après le décollage), la station radar américaine Colgate, située au cap Corse, annonce son franchissement de la côte vers Hyères (L. Werth 1948).

– La station radar allemande de Cannes annonce qu'un avion venant de Corse fait route vers la côte (Pemler Lander 2/93).

---

1. La chronologie, lorsqu'elle est connue, est donnée en heures US (heure US = heure allemande – 1).

10 h 00 La station radar allemande de Chazelles-sur-Lyon met la chasse de Lyon-Bron et d'Aix-les-Milles près de Marseille en alerte : un appareil isolé effectue à haute altitude des va-et-vient entre Annecy et Grenoble, puis il vire plein sud et disparaît des écrans (Fereyre 1975). Ils perdent son écho vers Draguignan (Pemler RN7). Les observateurs aériens allemands annoncent également un appareil isolé dans la région de Grenoble. Dernier contact visuel pouvant correspondre à cet appareil non identifié vers Castellane (Pemler Lander 2/93).

– L'obergefreiter (caporal) Horst Rippert (3./JGr 200 Aix-les-Milles) décolle. Mission : reconnaître et si possible attaquer une activité aérienne ennemie sur la bande littorale Toulon-Marseille (Rippert).

– Un sous-officier allemand servant une pièce de 88 mm de la Flak à l'est de Toulon rapporte le passage d'un bimoteur au vol « pendulaire[1] » (Pemler Lander 2/93).

– Rippert aperçoit à Toulon un Lightning qui vole, en enchaînant des virages, vers Marseille. Marseille, but de la mission de Saint-Ex le 6 juin 1944, avortée à cause de problèmes majeurs au moteur gauche. Bénéficiant de l'avantage de l'altitude, Rippert le rejoint facilement, et l'abat d'un tir aux ailes entre Toulon et Marseille (Rippert).

1. Cette façon de voler en louvoyant a surpris cet artilleur. Elle a également interpellé Rippert. Elle doit être le fait d'un vol à vue à basse vitesse, le pilote inclinant son appareil alternativement à gauche puis à droite.

11 h 00 environ, le Lightning pique verticalement de 3 000 m vers la mer et s'y écrase (Rippert). Fait conforme à la déformation des vestiges (Castellano).

Rippert annonce sa victoire par radio (Rippert). Les Américains auraient entendu cette communication radio. Le sergent-chef Jacquemont, mécanicien photographe du II/33, apprend de deux officiers américains et note dans son carnet que la perte du F-5B 223 serait due à des chasseurs allemands et qu'il aurait disparu en mer.

Vers minuit, l'officier d'état-major Hermann Korth est informé de la destruction en combat d'un avion d'observation allié tombé en mer.

Annexe 3

Lettre de Horst Rippert à Lino von Gartzen 22/12/2006

Cher monsieur von Gartzen,

Je vous remercie pour votre visite du 19 décembre et comme vous l'avez souhaité, voici la note demandée :

Par la présente, je confirme que j'ai abattu, le 31.07.44 près de Marseille un Lightning P-38, tard dans la matinée.

Direction du vol : Toulon puis Marseille.

Le P-38 était plus bas, au moment où je l'ai abattu il volait en direction de la côte.

Mes salutations distinguées

Horst Rippert

Merci pour votre courrier
Meilleurs vœux pour les fêtes

Bibliographie et documentation

Concernant les témoignages des généraux Chambe, Gavoille et Davet, et de Denis de Rougemont :

Icare, Revue de l'aviation française, n° 96, « Saint-Exupéry, sixième époque, 1943-1944 », printemps 1981.

Antoine de Saint-Exupéry, *Œuvres complètes*, Bibliothèque de la Pléiade, deux volumes, Gallimard, 1994 et 1998.

Consuelo de Saint-Exupéry, *Mémoires de la rose*, Plon, 2000.

Marie de Saint-Exupéry, « J'écoute chanter mon arbre », *Poèmes*, Mayenne, Imprimerie Le Floch, 1956 ; Gallimard, 1971.

Les Lettres françaises, édition clandestine n° 6, avril 1943.

Georges Pélissier, *Les Cinq Visages de Saint-Exupéry*, Flammarion, 1951.

Pierre Chevrier et Michel Quesnel, *Saint-Exupéry*, Gallimard, 1971.

Curtis Cate, *Antoine de Saint-Exupéry, laboureur du ciel*, Grasset, 2000.

Alain Vircondelet, *La Véritable Histoire du Petit Prince*, Flammarion, 2008.

La Société civile pour l'œuvre et la mémoire de Saint-Exupéry : www.saint-exupery.org

Archives

Bundesarchiv – Militärarchiv, Freiburg

Deutsche Dienststelle (WASt), Berlin

Archive Daimler AG, Stuttgart
Archive Robert Bosch GmbH, Stuttgart
Archive L'Orange GmbH, Glatten
Archive Der Werftverein, Oberschleissheim

Autres sources documentaires

Sven Carlson, Michael Meyer, *Die Flugzeugführer Ausbildung der Deutschen Luftwaffe 1935-1945*, VDM Heinz Nickel Verlag (ISBN 392548034x).

Dieter Klose, Hansjörg Riechert, *Ikarus Maschinen Luftfahrt in Ostwestfalen-Lippe*, Naturw. und historischer Verein für das Land Lippe (ISBN 392248116-4).

Willy Radinger, Wolfgang Otto, *Messerschmitt Me 109*, Aviatic Verlag (ISBN 3925505431).

Fliegerblatt (former *Jägerblatt*). *Gemeinschaft der Flieger Deutscher Streitkräfte. Official journal for german fighter pilots*, Issues 1972 – 2007. All articles concerning JGr Süd, JGr 200 and Saint-Exupery.

Georg Pemler, *Route Nationale Nr. 7*, Druffel Verlag, Leoni 1985 (ISBN 3806110379).

Icare, Revue de l'aviation française

n° 30 bis, « Saint-Exupéry écrivain et pilote », deuxième édition revue et augmentée, Été 1964.

n° 69, « Saint-Exupéry, première époque, 1900-1930 », Été-Automne 1974.

n° 71, « Saint-Exupéry, deuxième époque, 1930-1935 », Hiver 1974-1975.

n° 75, « Saint-Exupéry, troisième époque, 1936-1939 », Hiver 1975-1976.

n° 78, « Saint-Exupéry, quatrième époque, 1939-1940 », Automne 1976.

n° 84, « Saint-Exupéry, cinquième époque, 1941-1943 », Printemps 1978.

n° 108, « Saint-Exupéry, septième époque », Printemps 1984.

Remerciements

Jacques Pradel tient particulièrement à remercier les historiens Philippe Peretti (spécialiste de la période de la libération de la Corse en 1943) et Dominique Taddei (auteur de *USS Corsica, L'île porte-avions* paru en 2003 aux éditions Albiana) pour les entretiens qu'ils lui ont accordés pour évoquer le séjour en Corse d'Antoine de Saint-Exupéry, ainsi qu'Yvette Moiron pour son témoignage sur la dernière soirée qu'elle a passée dans la nuit du 30 au 31 juillet 1944 en compagnie du célèbre aviateur.

Que tous ceux qui, de près ou de loin, nous ont, d'une quelconque façon, aidés, soutenus, encouragés, voire supportés, trouvent ici nos plus sincères remerciements. Il est impossible de les citer tous ici. En effet, cette recherche, « enquête » serait plus juste, a duré plus de neuf années. S'il fallait les résumer en quelques dates ce serait :

– 1998 : Jean-Claude Bianco pêche miraculeusement la gourmette du pilote.

– 2000 : je déclare et identifie formellement les vestiges du F-5B n° 223.

– 2003 : des pièces significatives de l'épave sont relevées et déposées au musée de l'Air et de l'Espace du Bourget. Philippe Castellano y relève auparavant un numéro qui confirme mon identification. À cette occasion, certains vont réussir à s'accaparer le fruit de notre travail et même à usurper notre place devant les administrations concernées. Avec Philippe, nous resterons en recul de cette vaine agitation et poursuivrons sereinement notre enquête. C'est cette année-là que Lino Wolf von Gartzen va nous rejoindre. Et c'est cette petite équipe de chercheurs passionnés que j'aurai alors le privilège et l'honneur de mener vers l'aboutissement. Jacques Pradel suivra tout d'abord nos travaux de loin et rejoindra en 2004 notre équipe. Il est lui-même, au-delà de sa carrière de journaliste, un excellent marin et plongeur. Il s'occupera notamment de la partie corse du dossier.

Ce fut une très belle quête, riche en rencontres et en amitiés, je la dédie d'abord à Antoine de Saint-Exupéry et à tous ceux qui, comme moi, ont eu la chance de lire *Terre des hommes* dans leur jeunesse et qui ont ainsi senti l'irrésistible appel de l'aventure... Je dédie également ce travail à mon père qui m'a fait partager son insatiable besoin d'apprendre et à ma mère qui dut surmonter très tôt les angoisses dont j'étais la cause, ainsi qu'à nos épouses et compagnes qui ont dû subir, sans doute bien trop souvent, notre manque de disponibilité, merci Anne, Dominique et Lena, et, à nos enfants Emma, Laurence, Orsane, Guillaume et Vincent.

Luc Vanrell

Les auteurs tiennent à remercier plus particulièrement :

Monsieur le chef du service régional de l'archéologie PACA, Xavier Delestre, conservateur général du patrimoine, conservateur régional de l'archéologie,

Ainsi que tous nos amis du SRA PACA

Les trois chefs successifs du DRASSM pendant ces années de recherches :
Patrick Grandjean, Jean-Luc Massy et Michel L'Hour
Ainsi que toute l'équipe du DRASSM

Pour les interviews, documents, photos et correspondances les pilotes suivants et leur famille :
Horst Rippert (JGr. Süd, JGr. 200)
Hans Fahrenberger (JGr. Süd)
Christian Fürst zu Bentheim und Steinfurt (Alexis Prinz zu Bentheim und Steinfurt, JGr. Süd, † 1943)
Richard Wälde (Rudolf Wälde, JGr. Süd, † 1944)
La famille Kroeck (Hubert Kroeck, JGr. 200, † 1980)
Arndt-Richard Hupfeld (JGr. 200)
Kurt Meliset (JGr. Süd)
Ernst-Georg Althnorthoff (JGr. Süd)
Sigrid Schröder (Reinhold Fackenthal, JGr. Süd, † 1944)
Ainsi que : Christian Gavoille, Jean-Pierre Joncheray, Alexis Rosenfeld et Hervé Vaudoit

Pour leur contribution aux recherches historiques :
Klaus Fischer (Adolf Fisher, JGr. Süd, † 1943)
Lena von Gartzen
Jack T. Curtiss (367th Fighter Group, † 2007)
Hermann Klinzing (Carnet de vols Bentheim)
Robert Fereyre, Guy Julien, Hansjörg Richert, Serge Blandin, John K. Mattison, John-Paul Basset, Mme veuve Albert et Michèle Weismann

Les anthropologues :
Michel Signoli, CNRS UMR6578 et
Pascal Adalian, CNRS UMR6578 MCU Faculté de médecine de Marseille

Ainsi que
Thierry Vette, membre du comité d'experts du musée de l'Armée

Pour leur aide pour les recherches techniques :
Hans-Joachim Koch, L'Orange GmbH
Uwe Heintzer, Classic Corporate Archives, Daimler AG
Dieter Schmitt, Historical Communications, Robert Bosch GmbH
Peter Pietschmann, Der Werftverein
Udo Hafner, Luftfahrt-Archiv Hafner
Robert (Bob) Cardin

Pour leur aide technique et leur soutien :
Solange Vanrell-Matthews, Laurent Loïzzo, Carènes Services, Brian Cyvoct, Christian Vigne, Jean-Pierre Imbert, René Heuzey, Françoise Bastide, Jean-Louis Robin, Hélène Desvals

Les plongeurs :
Roddy Delhomme, Frédéric Bassemayousse, Jan Jirasco, Jindra Böhm, Marcus Thier, Sebastian Hennecke, Wilke Reints, Sylvain Scoccia

Et plus spécialement :
Anne Delhomme, François Grosjean, Jean-Bernard Pouillard, Jocelyn Collerie de Borély, Sylvie Gouirand

Les associations :
Aéro-Re.L.I.C
CIP Marseille
Bayerische Gesellschaft für Unterwasserarchäologie
Der Werftverein
Skoda Holding
GRID Tech Divers

Les dessinateurs :
Helmut « Heli » Schmidt
Patrice Gaubert

Pour la documentation vidéo de la recherche :
Robert Kreuz

Et bien sûr Lino et Philippe, avec lesquels l'aventure continue...

Table

Préface 5

Saint-Exupéry, l'ultime secret 7

Postface 171

Annexe 1 : Saint-Exupéry, pilote de guerre 175

Annexe 2 : 31 juillet 1944 – Mission nº 33S176 - Essai de reconstitution 179

Annexe 3 : Lettre de Horst Ripper à Lino von Gartzen . . . 181

Bibliographie et documentation 184

Remerciements 186

Achevé d'imprimer par GGP Media GmbH, Pößneck
en Avril 2009
pour le compte de France Loisirs,
Paris

N° d'éditeur : 55360
Dépôt légal : Février 2009
Imprimé en Allemagne